Alys Fowler

ERNTEZEIT

Anbauen, Ernten,
Trocknen, Konservieren, Einmachen,
Entsaften, Einfrieren

Fotos von Simon Wheeler

Dieses Buch ist Dor Dor, Lizzy und Denise gewidmet – sie haben mich gelehrt, wie eine gute Marmelade eingekocht wird.

INHALT

LOS GEHT'S

Reife Früchte aus dem eigenen Garten zu ernten und sie für den Wintervorrat haltbar zu machen, bedeutet mehr als nur leckere Produkte selbst herzustellen. Wir bewahren damit die harte aber glückliche Arbeit des Sommers. Auch wenn sich der Garten längst in die Winterruhe verabschiedet hat, profitieren wir noch von der gesunden Ernte.

Meine Küche ist alles andere als ein Musterbeispiel aus dem Katalog. Ich habe keinen modernen Herd, mein Porzellan passt nicht zueinander – Töpfe und Deckel schon gar nicht. Mir fehlt oft die Zeit für langwierige Kochsessions, ich muss mir die Zeit dafür meist stehlen. Ich bin genauso wenig perfekt wie meine haltbar gemachten Vorräte und das brauchen ihre Versuche auch nicht zu sein.

Meine Vorräte wie Gläser mit Kimchi und Sauerkraut oder eingelegtes Gemüse sind ideal für schnelle Gerichte. Ein Kimchi mit Reis und Eiern oder serviert zu den billigen, chinesischen Nudelsuppen aus der Tüte sind zwar keine Haute Cuisine, aber sie machen satt. Sie sind gut für bestimmte Jahreszeiten, lecker und sättigend.

Meine Schränke sind voller Gläser und auch die Regale biegen sich unter ihrem Gewicht. Es sind aber nicht einfach „nur" Vorräte für den Winter. Die gefüllten Regale lagern viel Wissen, wie eine Art Bibliothek mit meinem Gemüse. Sie erzählen mir von der letzten Gartensaison – messbar in Aroma und Form. Und sie erinnern mich an den Garten und befriedigen meine Bedürfnisse in den kargen Wintermonaten.

Dass unsere Nahrungsmittel oft nicht nachhaltig produziert werden, ist statistisch gut belegt: Für eine einzige Kalorie im Essen müssen 15 Kalorien Energie aufgewendet werden. 20 Prozent der globalen Emissionen gehen auf Verarbeitung, Transport, Verpackung und Verkauf von Nahrungsmitteln zurück, drei weitere Prozent fallen bei der Entsorgung des Abfalls an und weitere 18 Prozent sind der Entwaldung und der Landnahme geschuldet. Wenn man so will, schadet unserer Erde nicht der Wochenendtrip nach New York, sondern die Nachfrage nach Produkten außerhalb der Saison, die von irgendwo auf der Erde in unsere Supermärkte transportiert werden. Eine Versorgung mit saisonalen Nahrungsmitteln, die nicht fast die Hälfte der globalen Emissionen verursachen, ist daher erstrebenswert. Wir sollten deshalb darauf achten, uns regional und saisonal zu ernähren und überschüssiges Erntegut zu konservieren – es muss ja nicht ganzjährig frische Zucchini und Auberginen geben, nur weil wir Lust darauf haben.

Natürlich kommen bei uns seltener Gerichte mit frischen mediterranen Produkten – Tomaten, Auberginen und Zucchini – auf den Tisch und natürlich sehne ich mich am Ende des Winters nach knackig frischen Buttersalaten und süßen Frühkartoffeln. Dennoch fehlt mir nichts, nur weil ich mich auf meinen Garten verlasse. Ich würde lügen, wenn ich behauptete, nie ein Produkt außerhalb seiner Saison zu essen, wie ein Sandwich im Zug oder einen Fruchtsalat auf einer Konferenz. Manchmal tut es mir gut, aber meistens bin ich enttäuscht, wenn ich diese Ausrutscher mit meinen eigenen köstlichen Vorräten vergleiche. Ich schätze eine frische Erdbeere, noch nass vom englischen Sommerregen, und ich will nichts essen, was zwar mit Größe und Aussehen protzt, aber fade und unreif schmeckt.

Unsere Welt wird immer schneller und die Entfernungen immer kürzer. Aber ich weiß, dass ich nicht die Einzige bin, die sich davor fürchtet, in einen tiefen Strudel gerissen zu werden. Manchmal fühle ich mich, als hinge ich an einer Wurzel und riefe in diesen Strudel hinein. Welche Fähigkeiten brauchen wir, um da unten, in der Zukunft, zu überleben?

Ich liebe die Möglichkeiten des Internets. Ich fände es toll, mit einem Mausklick jemanden zu erreichen, der mir diese Frage beantworten könnte. Andererseits sehe ich die Gefahr der falschen Perspektive. Es ist ein Riesenunterschied, ob man aus einem Buch lernt oder in der Praxis, bei einem Experten. Natürlich ist es ein Klischee, aber auch bei Übersetzungen geht vieles verloren.

Ich will einfach nicht an eine Welt glauben, in der die Technik Lösungen für alle Probleme liefert. Nennen Sie mich ruhig technikfeindlich, aber ich halte an meinen selbst gemachten Vorräten und den Biokartoffeln aus dem Garten fest, die sich gut lagern lassen. Die Vorräte aus meinem Garten bringen mich besser und ökonomischer über die Runden als ein schneller Griff zum Smartphone. Ich vertraue auf die zeitlosen Erfahrungen, die unsere Vorfahren miteinander teilten, und auf die praktischen Fähigkeiten, die von Generation zu Generation weitergegeben wurden. Ich bedaure die Menschen, die nicht mehr von ihren Großeltern lernen können, wie man Obst und Gemüse konserviert. Sie hätten an ihrer Seite gestanden und Ratschläge gegeben – zu dick, zu dünn, nicht genug Säure, noch 10 Minuten kochen – was ich mit meinem Buch selbstverständlich nicht kann. Aber ich kann Wege aufzeigen. Sie werden garantiert Fehler machen, manchmal wird ein Glas explodieren, manche sehen gefährlich oder merkwürdig aus. Dagegen gibt es ein einfaches Mittel: Nicht essen! Natürlich hat es Zeit und Mühe gekostet, das Eingemachte zuzubereiten, aber Verluste sind der Preis, den wir für die fehlende Erfahrung einer Generation zahlen müssen.

Der Breitengrad, die Temperatur in der Küche, sogar die Größe des Messlöffels kann ein Rezept verändern. Nehmen Sie, falls möglich, an einem Kurs teil, um das Einwecken in der Praxis zu erlernen. Vielleicht gibt es sogar noch eine Großmutter, die Sie fragen könnten – nutzen Sie die Gelegenheit. Gehen Sie vorsichtig und mit Augenmaß ans Werk, verarbeiten Sie kleine Mengen und probieren Sie Variationen aus. Niemand mag monatelang immer wieder dasselbe essen. Halten Sie sich an die Zeiten, schreiben Sie sorgfältig alles auf und Sie werden etwas schaffen, was wirklich gut schmeckt.

Die Geschichte des Haltbarmachens

Angeblich haben die Jäger und Sammler die ersten Trockenfrüchte gefunden. Sie lagen im heißen Sand oder waren im Wind getrocknet, vielleicht eine süße Feige oder ein paar Beeren, die von der Natur hervorragend konserviert worden waren. Diese Erfahrung muss faszinierend gewesen sein. Archäologische Funde deuten darauf hin, dass die ersten Früchte 12.000 v.Chr. im Nahen Osten getrocknet wurden. Die Römer liebten Trockenfrüchte; sie haben uns viele Rezepte hinterlassen, insbesondere mit Feigen. Da sich Früchte einfach und leicht trocknen lassen, boten sie den idealen Einstieg in die Konservierung von Nahrungsmitteln.

Wann zum ersten Mal ein Produkt vergoren wurde, verliert sich im Dunkel der Zeit, doch spätestens in der Bronzezeit dürften die Bauern im Industal (im heutigen Pakistan) die Milch ihrer Kühe in Joghurt und andere Sauergetränke verwandelt haben. Um das Sauerkraut rankt sich eine besonders skurrile Geschichte: Angeblich trieb ein Kohlkopf auf den Wellen des Meeres und wurde als Sauerkraut an die Küste gespült (es gilt als sicher, dass Salzwasser zum Vergären benutzt wurde). Ich vermute aber eher, dass die Chinesen eine Methode erfanden, um Gemüse in Reiswein zu vergären, als 3 v. Chr. die Chinesische Mauer gebaut wurde. Angeblich wurde das Heer der Arbeiter mit Sauergemüse ernährt. Von dort brachte es Dschingis Khan mit nach Europa. Aus der griechischen und römischen Antike sind Berichte überliefert, dass Sauerkraut-artiges Gemüse in Wein und Fruchtsaft vergoren wurde. Auch wenn es unwahrscheinlich klingt, eines der ältesten und bis heute kultivierten Gemüse sind die Gurken. Sie stammen aus Indien und wurden stets sauer eingelegt.

Alle Formen der Konservierung haben nur ein Ziel: Sie versorgen die Menschen mit Lebensmitteln, wenn die vegetationsarmen Monate beginnen. Die ersten Jäger und Sammler mussten ständig umherziehen, um den jeweils bewohnten Landstrich nicht über die Maßen auszubeuten. Dank der konservierten Lebensmittel konnten die Menschen länger an einer Stelle verbleiben oder weiterziehen – sie hatten die Wahl. Damit erwarben sie sich eine gewisse Form von Freiheit.

Wir haben gelernt, wie man Nahrungsmittel einsalzt, trocknet, vergärt, zuckert, einkocht oder tief gefriert. Wer konservierte Lebensmittel mit sich führte, konnte in fremde Länder ziehen und sie erobern, Kriege führen, Reiche und Dynastien begründen oder unwirtliche Regionen erkunden und zu Hause davon berichten. Als unsere Vorfahren lernten, ihre Nahrung auf diese Weise zuzubereiten, machten sie sich von der Natur und ihren Regeln unabhängiger. Ohne unsere Fähigkeit, Lebensmittel zu konservieren, wäre die Geschichte wahrscheinlich anders verlaufen.

Siegeszug der Konserve

Der technische Fortschritt der industriellen Revolution hat uns mehr gegeben als Kohle und Dampfmaschinen. Neue Formen der Konservierung haben uns neue Lebensmittel beschert. Mit Zucker, Hitze und sicherer Verpackung wurden wir unabhängig vom Risiko schwankender Ernteerträge. Zum ersten Mal in der Geschichte unserer Ernährung war die Massenproduktion von Lebensmitteln möglich. In der vorindustriellen Zeit war deren Geschmack und Nährwert oft minderwertig. Die hohe Kindersterblichkeit war nicht zuletzt eine Folge von unzureichenden und unhygienischen Nahrungsmitteln. Ihr geringer Nährwert bedeutete zudem eine geringere Arbeitsproduktivität, weniger Lohn und noch weniger zu essen. So wie die Fabriken des 18. Jahrhunderts Brennstoff benötigten, waren aber auch die Arbeiter auf Nahrung angewiesen.

Eine besonders weit reichende Veränderung der Essgewohnheiten kam mit der Kartoffel, die aus Südamerika eingeführt wurde. Der Kartoffelanbau breitete sich von Spanien über die Niederlande ziemlich schnell bis nach Deutschland und Österreich und dann in andere europäische Länder aus. Die Kartoffel machte mehr Menschen satt als Getreide. Sie lieferte auf kleinerer Fläche mehr Ertrag, gedieh auch in feuchtem, kühlerem

Klima und, was besonders wichtig war, sie ließ sich zum billigsten Alkohol brennen – zu Wodka. Nach anfänglichem Misstrauen wurde die Kartoffel immer beliebter und avancierte im 18. Jahrhundert zu einem der wichtigsten Grundnahrungsmittel.

Etwa zur gleichen Zeit gelang es in Deutschland, Zucker aus einem preiswerten Rohstoff herzustellen. Bis ins 19. Jahrhundert war Süßstoff sehr teuer – Zucker aus tropischem Zuckerrohr, den die Kreuzritter Ende des Mittelalters nach Europa gebracht hatten. Honig war ähnlich kostbar und teuer. Obwohl auf Sizilien und Madeira schon seit dem 15. Jahrhundert Zuckerrohr angebaut wurde, blieb Zucker ein Luxusgut. Der Zucker aus Zuckerrüben war dagegen einfach herzustellen, billig und leicht verfügbar – nun konnte jedermann Früchte mit Zucker konservieren. Zum ersten Mal war es möglich, die Früchte des Sommers zu Marmeladen für den Winter einzukochen.

Durch die Kartoffel, den Zucker, gesetzliche Strafen gegen gepanschte Lebensmittel (vor allem Fleisch und Mehl) sowie Eisenbahnen und Dampfschiffe zur weiten Verbreitung der Lebensmittel nahm die Bevölkerung tatsächlich zu. Die Essgewohnheiten der Menschen veränderten sich, ganze Nationen begründeten sich auf der Basis der neuen Lebensmittel. Zum ersten Mal in seiner Geschichte machte sich Europa unabhängig von den Launen der Natur. Hungersnöte schienen der Vergangenheit anzugehören.

Im 19. Jahrhundert wuchsen die Städte weiter an und damit veränderten sich erneut die Essgewohnheiten. Nun mussten die Nahrungsmittel zu den Menschen transportiert werden und damit wurde eine Lagerung und Vermarktung der Produkte notwendig. Die Verpackung und Vermarktung von Lebensmitteln wurde zu einem wichtigen ökonomischen Faktor.

Während die Menschen ihre Lebensmittel früher mit Salz, Essig, tierischen Fetten (im Mittelmeer in Olivenöl), Alkohol oder Honig haltbar machten, um die Bakterien einzudämmen, gab es nun Dampfdrucktöpfe (den Vorläufer des Druckkochtopfes). Da man mit diesem Gerät größere Mengen von Lebensmitteln sterilisieren und versiegeln konnte, verlängerte sich die Haltbarkeit um mehrere Jahre.

In der zweiten Hälfte des 20. Jahrhunderts veränderten Kühlschränke und Gefriertruhen die Essgewohnheiten ein weiteres Mal. Die Lagerung von Lebensmitteln auf Eis war nicht neu. Schon seit der Antike wurde das Eis aus dem Winter genutzt, um Lebensmittel zu lagern, Getränke zu kühlen und Fleisch frisch zu halten. Bis zum 2. Weltkrieg war es allgemeines Recht, Eisblöcke zu schneiden. Es lagerte in tiefen, raffiniert konstruierten Kellern und Speisekammern und funktionierte so gut, dass die ersten künstlichen Kühlgeräte als zu teuer und unnütz abgelehnt wurden. Noch die Generation meiner Eltern kann sich gut daran erinnern, dass die Vorratskammern praktischer waren als Kühlschränke.

Erst, nachdem immer mehr Häuser an die Stromversorgung angeschlossen wurden, nahmen die Kühlschränke in den Küchen zu, dann kamen die Gefriergeräte und die Supermärkte. Es sah so aus, als hätten wir das uralte Problem von Hunger und Lagerung gelöst. Wir hatten die Natur besiegt.

Nährstoffe, Ernährung und Natur

Die enormen technischen Fortschritte bei der Verarbeitung von Lebensmitteln haben viele Vorteile, aber eben auch Nachteile. Kühlzüge, Flugzeuge und Lastwagen machen uns weitgehend unabhängig vom jahreszeitlichen Angebot. Über dieses Thema wurde schon viel geschrieben und ich gehe davon aus, dass Sie dieses Buch gekauft haben, weil Sie den Wert saisonaler Produkte erkannt haben. Es liegt mir nicht daran, Kühlschränke und Konservendosen zu verbannen – beide haben ihren Wert –, ich möchte Ihnen vielmehr die besten Methoden zeigen, mit denen Sie Ihre Früchte und Ihr Gemüse für die erntelose Zeit haltbar machen können. Einige dieser Techniken sind sehr alt, andere relativ neu; manche haben schon unsere Großmütter benutzt, andere stammen aus anderen Kulturen – alle jedoch bringen im Winter den Zauber des Sommers auf unseren Tisch.

Über die Rezepte

Einige Angaben in den Rezepten müssen unbedingt und präzise befolgt werden. Diese Hinweise und Regeln habe ich mir nicht ausgedacht. Insbesondere die Zeiten und Prozentangaben wurden von Generation zu Generation immer wieder ausprobiert, überprüft, aufgeschrieben und weitergegeben. An diesen Angaben – der Anteil von Salz oder Säure, die Länge eines Kochvorgangs – wird sich nichts ändern. Deren Einhaltung ist zwingend nötig, damit die konservierten Produkte gesund sind und bleiben. Wer in diesen Dingen schludert, kann eine wirklich lebensbedrohliche Vergiftung, den Botulismus, heraufbeschwören. Unter günstigen Bedingungen können sich beim Konservieren sofort Krankheitskeime ansiedeln, daher ist es unbedingt erforderlich,

Hände, Geräte und Oberflächen sauber zu halten. Damit meine ich allerdings nicht, dass Sie alles mit antibakteriellen Reinigungsmitteln behandeln (damit werden auch nützliche Bakterien vernichtet), sondern ich rede von heißem Wasser und Seife, vor allem von heißem Wasser.

Wenn Sie das Gefühl haben, dass ein Glas schlecht geworden ist, dass Sie einen Schritt vergessen haben, oder Sie instinktiv spüren, dass etwas anders aussieht als erwartet, zögern Sie keine Sekunde: Werfen Sie es in den Abfall. Zerbrochene Versiegelungen, trockene Reste unter dem Deckel (hier ist etwas ausgetreten), merkwürdiger Geruch oder Anzeichen von wolligen Schimmelpilzen (weiß, blau, schwarz oder grün) auf der Oberfläche des Inhalts oder der Unterseite des Deckels sind wichtige Anzeichen, dass etwas nicht stimmt. Konserven mit geringem Säuregehalt, vor allem schlecht gewordene Tomaten im Glas, können Botulismusbakterien enthalten. Botulismus wird über die Haut, aber auch über das Verdauungssystem übertragen; also Gummihandschuhe anziehen, das verdächtige Glas in einen Plastikbeutel stecken und ab damit in den Müll.

Solange Sie sich an das richtige Verhältnis der Zutaten halten und die Zeiten im Kochtopf/Wasserbad einhalten, dürfen Sie ruhig eigene Experimente wagen. Geben Sie etwas mehr Chili oder weniger Pfeffer dazu, bis Sie mit dem Ergebnis zufrieden sind. Erfinden Sie etwas. Nicht alles, was mir schmeckt, muss auch richtig für Sie sein. Es geht hier nicht um Haute Cuisine, Sie verarbeiten Ihr Erntegut aus dem eigenen Garten für Ihre täglichen Gerichte. Sie müssen die Rezepte anpassen, damit keine Früchte übrig bleiben. Das Gemüse von gestern ist der Vorrat von morgen.

Was ist Botulismus?

Botulismus ist eine lebensbedrohliche Vergiftung, die u.a. durch nicht fachgerecht eingekochtes Gemüse hervorgerufen wird. Menschen wurden durch sie schon getötet oder von verdorbenem Eingemachtem krank – selten, aber es kommt vor. Am gefährlichsten sind Gemüse oder Obst, die im Wasserbad mit zu wenig Säure eingemacht wurden – klassische Beispiele sind Tomaten und grüne Bohnen. Der Säuregehalt von Tomaten schwankt je nach Sorte, Wachstumsbedingungen und Lagerung beträchtlich. In modernen Rezepten wird daher stets angegeben, den Säuregehalt zu erhöhen, beispielsweise mit Zitronensaft oder Zitronensäure (Letzteres ist besser, weil auch der natürliche Säuregehalt von Zitronen schwanken kann). Botulismus ist gefährlich, weil bei hohen Temperaturen im Wasserbad zwar die *Clostridium*-Bakterien, nicht jedoch ihre Sporen absterben. Sie vertragen deutlich höhere Temperaturen als kochendes Wasser.

Außerdem gedeihen sie bestens unter Luftabschluss in den Gläsern. Selbst wenn der Inhalt eines Glases noch gut aussieht, können die Sporen wachsen und das Gift produzieren, das den Botulismus auslöst. Trotzdem sollten Sie jetzt nicht verzweifeln, denn die Sporen von *Clostridium* sind allgegenwärtig, auch auf der Oberfläche von frischen Produkten. Gefährlich werden sie erst unter Luftabschluss. Wenn Sie einige Regeln beachten, stellt der Botulismus keine Gefahr dar: Die Sporen sterben in saurer Umgebung; der Grenzwert liegt bei einem pH-Wert von 4,6. Senken Sie also durch zugegebene Säure den pH-Wert auf mindestens 4,6 ab, dann sind Sie auf der sicheren Seite. Einmachen bei höherem pH-Wert ist nur sicher unter hohem Druck, aber die Beschreibung würde dieses Buch sprengen. Im Internet finden Sie auf der Website des *USDA National Centre for Home Preservation* wissenschaftlich fundierte Hinweise.

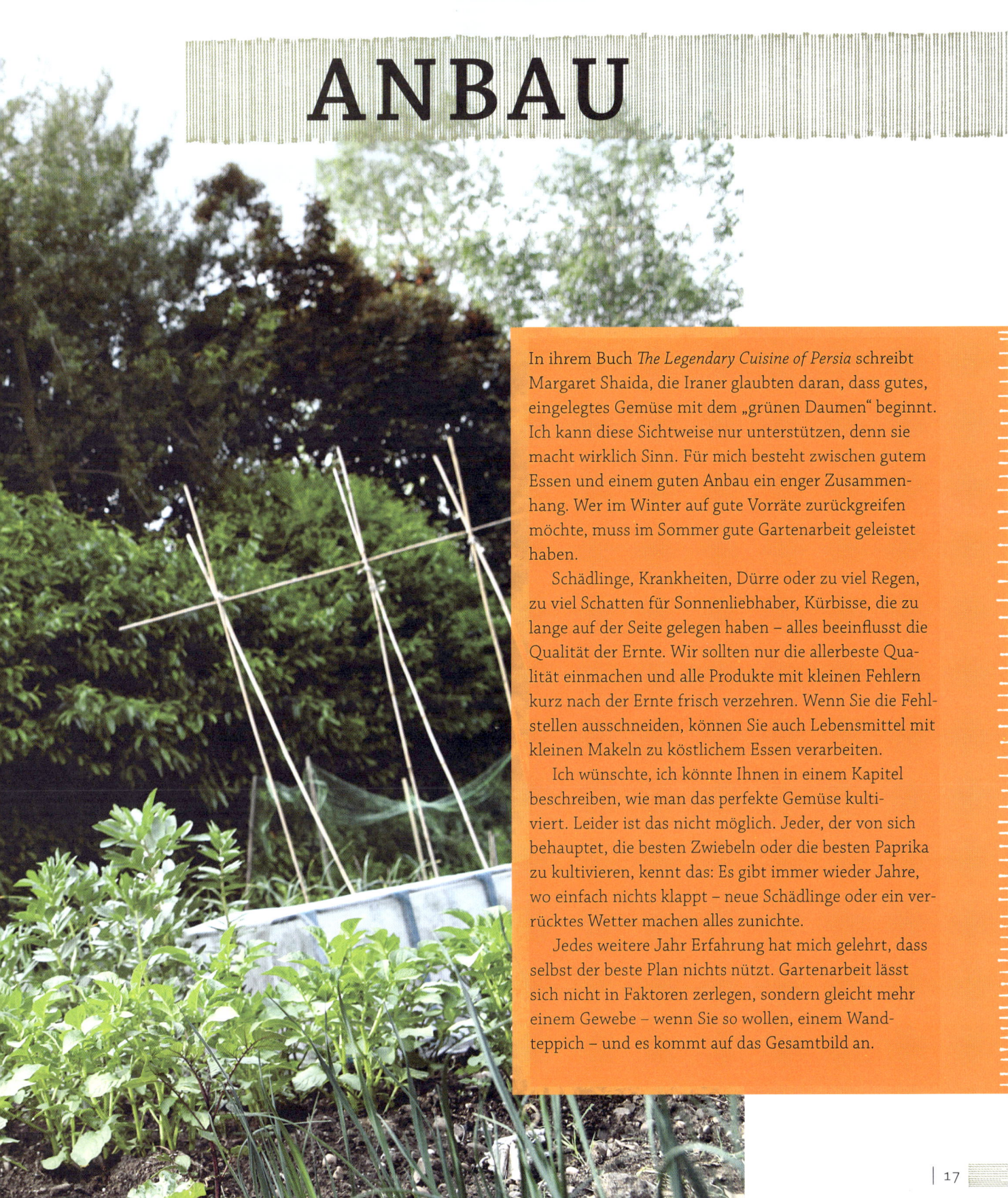

ANBAU

In ihrem Buch *The Legendary Cuisine of Persia* schreibt Margaret Shaida, die Iraner glaubten daran, dass gutes, eingelegtes Gemüse mit dem „grünen Daumen" beginnt. Ich kann diese Sichtweise nur unterstützen, denn sie macht wirklich Sinn. Für mich besteht zwischen gutem Essen und einem guten Anbau ein enger Zusammenhang. Wer im Winter auf gute Vorräte zurückgreifen möchte, muss im Sommer gute Gartenarbeit geleistet haben.

Schädlinge, Krankheiten, Dürre oder zu viel Regen, zu viel Schatten für Sonnenliebhaber, Kürbisse, die zu lange auf der Seite gelegen haben – alles beeinflusst die Qualität der Ernte. Wir sollten nur die allerbeste Qualität einmachen und alle Produkte mit kleinen Fehlern kurz nach der Ernte frisch verzehren. Wenn Sie die Fehlstellen ausschneiden, können Sie auch Lebensmittel mit kleinen Makeln zu köstlichem Essen verarbeiten.

Ich wünschte, ich könnte Ihnen in einem Kapitel beschreiben, wie man das perfekte Gemüse kultiviert. Leider ist das nicht möglich. Jeder, der von sich behauptet, die besten Zwiebeln oder die besten Paprika zu kultivieren, kennt das: Es gibt immer wieder Jahre, wo einfach nichts klappt – neue Schädlinge oder ein verrücktes Wetter machen alles zunichte.

Jedes weitere Jahr Erfahrung hat mich gelehrt, dass selbst der beste Plan nichts nützt. Gartenarbeit lässt sich nicht in Faktoren zerlegen, sondern gleicht mehr einem Gewebe – wenn Sie so wollen, einem Wandteppich – und es kommt auf das Gesamtbild an.

Unser Boden ernährt uns. Klar, die Pflanzen und Tiere, die vom Boden leben, schmecken besser als ein Teller Erde, aber ohne guten Boden gäbe es keine gute Ernte. Bis dahin lauern allerdings viele Hürden – enttäuschende Sorten, Regen, Sonne, Hitze, sogar, wer erntet – aber mit schlechtem Boden ist alles Weitere nur zweitrangig.

Der beste Weg zu einem guten Boden führt über den Kompost. Je mehr organisches Material Sie beimischen, desto besser wird der Boden. Es ist tatsächlich so einfach. Ob der Boden sandig ist, nährstoffarmer Schuttboden oder Ton, das Rezept lautet stets: Kompost, möglichst aus eigener Herstellung. Guter Kompost ist magisch. In schweren Böden verbindet er sich mit den Tonpartikeln und öffnet den Weg für Luft und Wasser. Sandige Böden reichert er mit organischem Material an, das Wasser und Nährstoffe absorbiert. Das Gleiche gilt für schlechte Böden in der Stadt. Vor allem jedoch fördert Kompost das großartig verwobene Netz der Bodenorganismen, die kleinen Helfer, deren Namen wir nicht kennen, die lebende Architektur des Bodens: Mikroben, Bakterien, Pilze, Insekten und andere Organismen.

Würmer und Käfer, Tausendfüßer und Rundwürmer brauchen Nahrung, und letztlich beginnen alle Nahrungsketten mit dem zerfallenden organischen Material.

Je mehr Kompost Sie herstellen und in den Boden einbringen, desto besser wird dessen Qualität. Fertig gekaufte Dünger scheinen eine schnelle Hilfe zu sein, sind aber nicht dasselbe wie ein „selbst gemachter" Boden. Stellen Sie sich den Unterschied zwischen einem guten Essen und Multivitaminpillen vor. Niemand würde sein Kind mit Pillen ernähren, und das sollte auch für den Boden gelten. Viele Dünger unterbrechen die natürlichen Kreisläufe im Boden; Mikroorganismen, Bakterien und Pilze werden überflüssig und verschwinden. Solange alles gut läuft, ist dagegen nichts einzuwenden. Doch wehe, es läuft etwas schief, dann werden sie wieder gebraucht. Gesunde Böden werden mit Krankheiten, Schädlingen, zu viel Regen und Dürre fertig und helfen damit den Pflanzen.

Untersuchungen haben einen Zusammenhang zwischen zu hohem Stickstoffgehalt und der Qualität und Lagerfähigkeit von Obst festgestellt. Ein zu hoher Stickstoffgehalt verändert den Stoffwechsel der Pflanzen. Sie wachsen zu schnell und die Früchte altern vorzeitig. Dagegen hat ein höherer Kaliumgehalt im Boden einen positiven Einfluss auf die Lagerfähigkeit. Beinwell, Algen, Gründünger, Stallmist und Steinmehl sind auch deswegen gut für den Boden, weil sie ihn mit Kalium anreichern.

ÜBER DEN KOMPOST

Was ist das Ziel? Gesunder Boden, aus dem makelloses, gesundes Gemüse wächst, das sich perfekt lagern lässt. Und einer der besten Wege zu einem gesunden Boden führt über Mulchkompost aus eigener Herstellung, der zweimal jährlich – im Frühling und Herbst (siehe S. 27) – auf den Beeten verteilt wird. Kompost liefert nicht nur die Nahrung für das Nahrungsnetz der Bodenorganismen, sondern wirkt auch Krankheiten wie Kartoffelschorf entgegen, weil er das Gleichgewicht von nützlichen Bakterien und Pilzen einstellt. Glücklicherweise übernimmt die Natur die wichtigste Aufgabe bei der Herstellung von Kompost, die Verrottung, wenn Sie ihr die richtigen Zutaten liefern.

Kompost: wo und wie?

Als Erstes brauchen Sie einen guten Platz für Ihren Kompost. Er sollte gut erreichbar, aber nicht unbedingt sichtbar sein, denn Komposthaufen bieten in der Tat keinen ästhetischen Anblick. Im Schatten eines Baumes, wo sonst nichts wächst, hinter dem Gartenhaus oder in einer Ecke sind gute Standorte – nur nicht in der vollen Sonne.

Woraus Sie den Kompostbehälter bauen, liegt ganz bei Ihnen. Ich habe meinen aus alten Holzpaletten gebaut, aber ich habe auch einen Wurm-Komposter (gut für kleine Flächen) und einen Bio-Komposter (siehe S. 24).

Kompostbehälter aus Holz, wie mein Palettenbehälter, sind preiswert und einfach zu bauen. Wenn Sie genügend Platz haben, stellen Sie mehrere davon nebeneinander. Dann kann der Kompost schneller umgeschichtet werden und wird schneller reif (siehe S. 23). Drei Behältnisse sind ideal. Achten Sie beim Zusammenbau darauf, dass sie zugänglich sind, damit der Kompost leicht umgeschichtet und entleert werden kann. Wie die Paletten befestigt werden, richtet sich nach Ihren handwerklichen Fähigkeiten: Ich habe stabile Pfosten in den Boden gerammt und die Paletten aufrecht daran befestigt.

Kompost abdecken

Eine Abdeckung ist notwendig, vor allem bei halb verrottetem Material, damit sich größere Hitze entwickeln kann. Ein alter Teppich eignet sich besonders gut. Durch ihn dringt der Regen ein (Feuchte ist entscheidend) und er ist eine gute Wärmeisolation. Außerdem wirkt er auch als Barriere für Unkrautsamen, die der Wind heranträgt. Wer will schon Unkrautsamen im Kompost!

Regenwasser sammeln

Ein Komposthaufen trocknet leicht aus. In einem trockenen Komposthaufen können Bakterien ihre nützliche Arbeit – Abfall zu Kompost verwandeln – jedoch nicht mehr erledigen. Daher stehen rund um meine Komposthaufen mehrere Eimer, um Regenwasser zu sammeln; das kostet nichts und ist einfach (gegen Leitungswasser ist aber nichts einzuwenden). Die Feuchtigkeit schreckt auch Ratten und Mäuse ab, die sich in einem trockenen Kompost Nester bauen könnten: Auf sie wirkt ein trockener Kompost wie eine Einladung – freies Essen, Wärme und ein geschützter Nistplatz. Mit einem regelmäßigen kalten Wasserguss zeigen Sie, wer der Boss am Kompost ist!

Komposttrommeln (Tumbler)

Sie sind in kleinen Stadtgärten das Mittel der Wahl, auch weil sie die Verrottung beschleunigen. Durch das regelmäßige Drehen wird der Kompost automatisch gewendet. Die Methode hat viele Vorteile; es geht schnell und hält Schädlinge fern. Allerdings sind Tumbler recht teuer und manche Menschen haben Schwierigkeiten, die vollen Trommeln zu drehen – sie eignen sich vor allem für kleine Mengen. Am besten funktioniert es mit zwei Geräten, damit ein fast verrotteter Kompost nicht immer wieder mit frischem Material befüllt wird.

Die Zutaten

Alles, zumindest alle natürlichen Rohstoffe, lässt sich in Kompost verwandeln. Allerdings sind gekochtes Essen, Milchprodukte, Kot von Haustieren (es sei denn, sie werden vegetarisch gefüttert), Fleisch und Fisch nicht so gut geeignet, weil sie Ratten und Mäuse anlocken, die den Kompost nach einer kostenlosen Mahlzeit durchwühlen. Die Einschränkung gilt nicht für einen Bokashi- oder Bio-Komposter (siehe S. 24). Außerdem könnte der Kot von Haustieren giftige Stoffe enthalten.

Alles andere kann kompostiert werden: alte Kleidung aus Baumwolle, Wolle oder Seide, Zeitungen (zuerst zerknüllen), Unkraut, Gehölzschnitt, Teebeutel, Staub aus dem Staubsauger, Haare, Toilettenrollen, Gemüseschalen, Rasenschnitt, Pappe, schlecht gewordene Fruchtsäfte, Kochwasser von Nudeln, Kaffeesatz, zerschnittene Bankquittungen (obwohl vermutlich niemand im Kompost nach Ihrem Kontostand suchen dürfte), Streu aus Tierkäfigen und abbaubare Verpackungen.

Man liest häufig, wie der Kompost geschichtet werden muss (abwechselnd braune und grüne Abfälle und deren jeweilige Anteile), doch solche Regeln beschleunigen nur die Verrottung. Auch wenn Sie alles in beliebiger Menge und Reihenfolge auf einen Haufen werfen, entsteht Kompost, es dauert nur sehr viel länger, bis er reif ist. Am schnellsten geht es in der Tat, wenn Sie zwei Drittel kohlenstoffhaltige Abfälle (Zeitungen, Pappe, Laub, braune Zweige, Schnitt) mit einem Drittel stickstoffhaltigen Abfällen kombinieren (grüne Pflanzenteile, Schalen, frische Unkräuter, Rasenschnitt und anderes mehr). Bei dieser goldenen Mischung geht es den Bakterien richtig gut. Wenn der Kompost schnell fertig werden soll, schichten Sie ihn in 15–20 cm dicken Lagen von jeweils gemischter Zusammensetzung auf – dann machen die Bakterien Party.

Kompost belüften

Sauerstoff ist wichtig für die Verrottung, denn die Bakterien brauchen ihn zur Atmung. Wenn Sie den Komposthaufen regelmäßig wenden, gelangt viel Sauerstoff hinein. Aus diesem Grund sind mehrere Kompostbehälter so praktisch: Wenn einer voll ist, schichten Sie das Material in den nächsten um. Wie oft Sie umschichten müssen, richtet sich nach der Menge des gesammelten Materials und Ihrer Lust, diese Arbeit zu erledigen. Angeblich werden die Komposthaufen von Prinz Charles einmal wöchentlich umgeschichtet; ich mache das alle drei Monate.

Bokashi- und Bio-Komposter

Wenn Sie Fleisch- und Fischabfälle, Milchprodukte und gekochtes Essen kompostieren möchten, brauchen Sie entweder einen Bokashi-Komposter (auch in Verbindung mit einem Wurm-Komposter) oder einen Bio-Komposter (in Großbritannien Green Cone genannt). Beide basieren auf einer speziellen Kleie, die mit Bakterien durchsetzt ist. Die Bakterien machen sich über die organischen Reste her und verwandeln sie in Kompost. Obwohl der Inhalt eines Bokashi-Komposters alles andere als verrottet aussieht, haben die Bakterien ihre Arbeit erledigt. Sobald die Reste aus der Tonne in die Erde eingearbeitet oder ein Wurm-Komposter damit „gefüttert" wird, geht der Abbau bis zur Stufe des organischen Materials sehr schnell. Sie können den Inhalt des Bokashi-Komposters auch in den Komposthaufen einarbeiten – nicht auf die Oberfläche schütten, denn er zieht Fliegen magisch an. Ich grabe den Inhalt des Komposters direkt im Garten in die Erde ein (Bild rechts). Das hat sich besonders gut bei Bohnenreihen bewährt oder um bestimmte Stellen in nährstoffarmem Boden anzureichern.

Der Bio-Komposter steht direkt auf dem Boden und wird alle fünf Jahre umgesetzt. Man gibt den Bioabfall in den Kegel und er verrottet direkt in den Boden hinein – man kann den Kompost nicht „ernten". Der große Vorteil ist, dass dieses System auch den Kot von Haustieren verarbeitet. Allerdings darf man keine Abfälle mit hohem Kohlenstoffanteil einbringen. Dann läuft die Verrottung langsamer ab und andere Bakterien stellen sich ein, die den Prozess unsicher machen. Meine Bio-Komposter stehen unter den Apfelbäumen, deren Wurzeln die Nährstoffe direkt aus den Kegeln „aufsaugen" – die Regenwürmer sind verrückt danach.

Lästiges Unkraut

Es ist keine gute Idee, Ackerwinde, Ampferwurzeln, Quecken und andere lästige Unkräuter direkt auf den Kompost zu werfen. Denn wenn Ihr Kompost nicht mindestens 50–60 °C heiß wird, sterben die Unkräuter nicht ab (sie sind außerdem ziemlich widerstandsfähig gegen Verrottung). Wird dieser Kompost auf den Beeten ausgebreitet, breiten Sie das Unkraut gleich mit aus. Es ist ziemlich lästig, sie immer wieder jäten zu müssen. Doch wenn Sie einfach abwarten, erobern die Unkräuter Ihr Beet.

Ich werfe kleinere Mengen Unkräuter zunächst in Eimer mit Wasser und lasse sie verrotten. Wenn sich in der stinkenden Brühe keine Anzeichen von Wurzeln mehr zeigen und sie das Aussehen von Kräutersuppe annimmt, gieße ich alles oben auf den Kompost. Auf diese Weise werden die kostbaren Nährstoffe, die sie dem Gartenboden geraubt haben, in Kompost verwandelt und die Ratten mögen die stinkende Brühe nicht.

Größere Mengen, möglicherweise mit anhängenden Bodenklumpen, packe ich in doppelte Müllbeutel und lasse sie vollständig verrotten, ehe ich sie auf den Kompost werfe – das kann drei Jahre dauern. Da Plastikmaterial in der Sonne abgebaut wird, verstecke ich sie außer Sicht im Schatten. Erst, wenn kein Grün mehr zu erkennen ist, kommen sie auf den Kompost, möglichst in kleineren Portionen, denn das Endprodukt kann schwer sein und einen sauren pH-Wert haben.

Das Ergebnis

Der Kompost, das Endprodukt der Verrottung, sollte gut duften, rein, gesund und erdig sein. Zu starker Geruch bedeutet, dass der Kompost noch etwas länger braucht. Vermutlich war er zu feucht: Etwas Pappe, Stroh oder Zeitung beimischen und zur besseren Belüftung häufiger umwenden. Wenn Sie bei jedem Wenden etwas Pappe zugeben, ist der Kompost ziemlich schnell fertig. Fertiger Kompost fühlt sich feucht an und hat die Farbe dunkler Schokolade. Die Größe der Partikel richtet sich auch nach dem Anfangsmaterial. Große Mengen Gehölzschnitt, Kohlstrünke (oder anderes verholztes Material) brauchen mehr Zeit bis zur Verrottung, da Holz nur langsam von Pilzen aufgeschlossen wird.

Sieben Sie den Kompost vor Gebrauch durch, um die groben Stücke loszuwerden. Es gibt zwar spezielle Kompostsiebe, aber ein alter Drahtkorb erfüllt denselben Zweck. Betrachten Sie das Schütteln des Siebes als Work-out und freuen Sie sich über das fein gesiebte Endprodukt. Die groben Stücke kommen für eine nächste Runde wieder auf den Komposthaufen.

Ich breite meinen Kompost zweimal im Jahr auf den Beeten aus – im Herbst und im Frühling.

Kompost verteilen

Der Herbst ist die beste Zeit, um den guten Kompost auf den abgeernteten Beeten zu verteilen; eine Handbreit hohe Schicht ist genau richtig. Der Kompost wird nicht in den Boden eingegraben, sondern als Deckschicht ausgebreitet. Als Mulchkompost schützt er wie eine Decke den Boden und die Organismen darin vor der Winterkälte. Noch im Herbst ziehen die Regenwürmer einen Teil des Komposts als Futter in den Boden und belüften ihn dadurch. Außerdem fließt der Winterregen durch diese Wurmgänge schneller ab. Vor allem Tonböden speichern große Mengen Wasser, das bei Kälte zu Eis gefriert. Solche Böden erwärmen sich im Frühling nur sehr langsam; eine frühe Aussaat ist dann kaum möglich. Große Mengen Kompost locken zahlreiche fleißige Regenwürmer an, die mit ihrer Wühlarbeit das Problem nach und nach beheben.

Die Wurmgänge im Boden erinnern mich immer an die Dränagerohre, die unter Straßen verlegt werden. Mit jedem Spatenstich wird ein Teil dieses wichtigen Kanalsystems zerstört. Lassen Sie die Würmer und ihre Gänge einfach in Ruhe. Sie werden mit einem ausgezeichnet durchlüfteten Boden belohnt.

Füllmaterial und Winterabdeckung

Wenn der erste Kompostbehälter nach dem Mulchen leer ist, kann er mit neuem Rohmaterial wieder befüllt werden – das fällt im Herbst dank Ernte und Rückschnitt in größeren Mengen an. Der mittlere Kompostbehälter wird erst angetastet, wenn sich sein Inhalt deutlich dunkler färbt. Der dritte Kompostbehälter sollte inzwischen fast reif sein; er verrottet den Winter über dann still vor sich hin und wird für den Mulchkompost im Frühjahr geleert. Der zweite und dritte Kompostbehälter wird den Winter über abgedeckt, damit die Winterregen nicht zu viele Nährstoffe ausschwemmen.

Im Frühling gehen Sie genau so vor wie im Herbst: Verteilen Sie den Kompost auf den leeren Beeten oder mulchen Sie den Bereich um neu eingesetzte Pflanzen, um das Unkraut einzudämmen und die Bodenfeuchte zu halten.

Wertvoller Laubkompost

Laub wird anders abgebaut als der übliche Kompost und muss daher auch besonders behandelt werden. Die Herstellung von Laubkompost ist ein langwieriger Prozess, der von Pilzen erledigt wird. Die Pilze brauchen viel Luft und Wasser und Sie viel Geduld. Das Warten lohnt sich, denn das Endprodukt gehört zum Besten, was Sie Ihrem Boden gönnen können. Bauen Sie sich aus vier Pfosten und Maschendraht eine Sammelkiste für das Laub. Wenn dazu in Ihrem Garten der Platz fehlt, tun es auch einfache schwarze Plastikmüllsäcke (Löcher hineinstechen). Füllen Sie die Kisten oder die Säcke mit dem Herbstlaub und lassen Sie die Natur ihre Arbeit tun. Nach einem Jahr hat sich das Laub in wunderbares „schwarzes Gold" verwandelt, das im Garten verteilt oder für die Aussaat gesiebt wird. Da die Menge um ein Drittel abnimmt, sackt ein großer Haufen auf eine überschaubare Menge zusammen.

DIE AUSSAAT

Die Mutter meiner Nachbarin stammt aus Österreich. Sie wurde in einem kleinen Bergdorf geboren, wo ihre Eltern einen Gasthof führten. Sie erinnert sich noch an die Erntezeit, wenn alle dabei halfen, die Ernte zu verarbeiten.

Der Kohl wurde auf großen Gemüsemandolinen geschnitten, die Äpfel in Ringe geschnitten und zum Trocknen auf dem Dachboden aufgehängt. Wer Stärkung brauchte, bekam selbst gemachten Apfelwein, die Roten Johannisbeeren wurden zu Marmelade verarbeitet, die Gewürzgurken eingelegt und die Kräuter zum Trocknen aufgehängt. Sie erinnert sich noch daran, dass selbst während des Krieges niemand hungern musste,

weil das Gemüse mit Sorgfalt kultiviert und haltbar gemacht wurde.

Heute ist eine intensive Vorratshaltung nicht mehr nötig, aber es lohnt sich immer noch zu wissen, welche Sorten sich gut lagern lassen. Halten Sie sich an eine simple Faustregel: Sorten, die angeblich schneller reifen oder alle zur gleichen Zeit reif werden, nützen nur kommerziellen Interessen, nicht Ihnen. Die Produzenten sind nur daran interessiert, ihre Produkte ein paar Tage früher als die anderen in die Supermarktregale zu liefern. Aber wer selbst einmacht, braucht eine Ernte, die sich über einen längeren Zeitraum hinzieht, statt eine Masse von Gemüse zur selben Zeit.

Die besten im Lager

Wenn es um die Konservierung geht, sind nicht alle Erbsen in der Hülse gleich. Während einige Sorten am besten frisch aus der Hülse an einem Sommerabend schmecken, eignen sich andere besser für die Lagerung – und das gilt für alle Gemüse.

Im letzten Frühling schenkte mir meine Gartennachbarin Ann einen Kürbis, den sie seit Jahrzehnten kultiviert, weil er sich besonders lange hält. Jetzt im Februar, als ich diese Zeilen schreibe, liegen diese Kürbisse immer noch neben meinen Stiefeln im Flur. Die Schale ist fest, aber nicht zu dick und man kann das Fleisch wunderbar braten.

Nach der Methode Versuch-und-Irrtum habe ich herausgefunden, dass sich vor allem die älteren Sorten prima lagern lassen. Sie stammen noch aus einer Zeit, als Gemüse eingemacht oder im Keller gelagert wurde. Durch Samentausch, Informationen des Vereins zur Erhaltung der Nutzpflanzenvielfalt e.V. oder anderer Quellen im Internet kommt man zu Samen längst vergessener oder lokaler Sorten. Hören Sie sich um und fragen Sie Gärtner, die Erfahrung mit dem Konservieren haben – sie essen auch im Winter gut. Die folgende Liste mit Obst- und Gemüsesorten liefert Anhaltspunkte, bis Sie Ihre eigenen „Anns Kürbisse" entdeckt haben.

Äpfel

Es gibt Hunderte von guten Sorten, die folgenden lassen sich besonders gut lagern: 'Blenheim Orange' (Goldrenette von Blenheim), 'Kidds Orange Red' und 'Fiesta' halten sich bis zum Januar/Februar. 'Bramley's Seedling' und 'Lanes Prinz Albert' sind Kochäpfel, die sich bis März lagern lassen.

Artischocken

'Green Globe' trägt reichlich feste, grüne Blütenstände, die sehr gut schmecken; die Sorte dürfte winterhärter sein als andere. 'Imperial Star' ist eine verbesserte Sorte, die aber als Einjährige kultiviert wird. 'Violetto' hat purpurne Blütenköpfchen, die erst beim Kochen grün werden.

Topinambur

Die Sorte 'Fuseau' sieht nicht ganz so edel aus, sie lässt sich aber gut säubern und kochen. Wenn Sie von *Helianthus tuberosus* jedes Jahr die weichsten Knollen auswählen und einpflanzen, bekommen Sie vielleicht eine eigene „Züchtung".

Auberginen

'Money Maker' reift auch in einer kühleren Region und kann sogar im Topf kultiviert werden (allerdings reifen Auberginen grundsätzlich besser unter Folie oder Glas). 'Ophelia' bildet etwas kleinere Früchte; beide Sorten schmecken aromatisch.

Bohnen

Dicke Bohnen: 'Windsor' lässt sich gut einfrieren, 'Aquadulce Claudia' trocknet gut. Sollten die Bohnenpflanzen unter der Braunfleckenkrankheit leiden, müssen die Bohnen früh geerntet werden, damit sich der Pilz nicht bis in die Hülsen ausbreitet.
Suppenbohne/Busch-Bohne: 'Cannellino' hat cremig-weiße Bohnen, die hervorragend in Eintöpfen schmecken.
Kletternde Bohnen: 'Barlotta lingua di Fuoco' bildet hübsche, rot-purpurn gestreifte Hülsen mit gesprenkelten Bohnen, die frisch oder getrocknet gegessen werden können. Die 'Neckarkönigin' ist eine der besten Bohnen zum Einfrieren.

Stangen-Bohnen

Stangen-Bohnen tragen überreichlich. Die langen, dünnen, hellgrünen Hülsen schmecken sehr gut. Lässt man die Hülsen ausreifen, sind die getrockneten Samen lagerfähig (schmecken sehr gut in Suppen und Eintöpfen). Die getrockneten Samen von 'Czar' und 'White Lady' sind schneeweiß und sehr attraktiv. Getrocknete rote Bohnen nehmen beim Kochen eine unschön braune Farbe an.

Rote Bete

Die Sorte 'Cylindra' bildet lange, rote Wurzeln, ist gekühlt gut lagerfähig und kann über einen langen Zeitraum geerntet werden. 'Forono' hat ein wunderbares Aroma, lange Wurzeln und ist sowohl in der Kälte als auch sauer eingelegt gut haltbar; sie gehört zu meinen Favoriten, schießt aber leicht, wenn sie zu früh gesät wird. Die gelben Wurzeln von 'Golden Detroit' schmecken gebraten sehr gut. Sie halten sich entweder in der Erde (wenn die Schnecken nicht darüber herfallen) oder in der Kälte.

Brokkoli

Brokkoli 'Fiesta' (F1) bildet große, gewölbte Blütenstände. Wenn die Hauptblüte geerntet ist, wachsen kleinere Blütenstände nach, die vom Spätsommer bis Herbst geerntet werden. Lässt sich gut einfrieren.

Romanesco bildet einen großen, gelbgrünen Blütenstand und treibt ebenfalls nach; sehr gut sauer eingelegt und gefroren haltbar.

Rosenkohl

Die alte Sorte 'Seven Hills' hat eine besonders lange Erntezeit. Auch mit anderen geeigneten Sorten kann die Erntezeit von Oktober bis März ausgedehnt werden (z. B. 'Hilds Ideal', 'Groninger'), sodass keine Gefahr einer Rosenkohlschwemme besteht.

Der neue **Flower Sprout** 'Petit Posy' basiert auf einer Kreuzung von Grünkohl und Rosenkohl. Er verträgt Kälte und kann, dank der locker aufgebauten Röschen, über einen langen Zeitraum geerntet werden.

Weißkohl

Wie lange sich ein Kohlkopf hält, hängt vom Gewicht und der Dichte des Kopfs ab. 'Filder' ist eine späte Sorte, ihre Blätter eignen sich gut für Sauerkraut. 'Kilaton' (F1) ist eine gegen Kohlhernie resistente Hybride, die Ende Oktober erntereif ist; ebenfalls gut für Sauerkraut. Die großen, lockeren Köpfe von der sehr alten Sorte 'January King' mit wirsingartigen Blättern vertragen Frost. Sie werden in nährstoffreichen Boden gesät und halten sich nach der Ernte bei unter 10 °C eine Woche lang. Baumkohl ist eine mehrjährige Pflanze, die bis zwei Jahre lang kultiviert werden kann, wenn der Blütenstand abgeschnitten wird. Mit einem leichten Winterschutz

(feines Netz oder Gartenvlies) kommt er über den Winter. Die großen Blätter werden wie Grünkohl geerntet, bei gestaffelter Aussaat kann er fast das ganze Jahr über geerntet werden. Portugiesischer Kohl (auch Rippen- oder Tranchuda-Kohl) ist ein großer Kohl mit lockeren Blättern, die nicht zu einem Kopf auswachsen; er wird wie Grünkohl geerntet. Er ist eine Zutat in vielen portugiesischen, brasilianischen oder kubanischen Suppen. Bei mir wächst er verlässlich als Zweijährige und mit etwas Glück sogar als Staude (in sehr kalten Wintern gedeiht er besser). Die Blätter bleiben im Kühlschrank mehrere Tage frisch – noch länger in feuchter Kälte – und schmecken in den kalten Monaten besser als im Sommer.

Möhren

Die alte Sorte 'Autumn King' hält sich sehr gut über den Winter; auch 'Chantenay' ist eine lagerfähige Sorte. Die Sorte 'Nantes' wird Ende Juli gesät und hält sich mit einer Strohabdeckung als Frostschutz (oder in Sand im kühlen Keller) über den Winter. Hinweis: Da sich die Möhrenminierfliege auch im Winter über gelagerte Möhren hermacht, sollten Sie den Vorrat regelmäßig kontrollieren.

Blumenkohl

'Aalsmeer' und andere Sorten mit eindrucksvoll großen, weißen Köpfen brauchen lange bis zur Reife. Im Januar müssen sie abgedeckt werden, sonst leiden die Pflanzen unter dem Frost. 'Clapton' (F1) ist resistent gegenüber Kohlhernie; er wird im Herbst geerntet, wenn er im zeitigen Frühjahr unter Folie/Glas gesät wurde. Auch die purpurne Sorte 'Graffiti' ist im Herbst erntereif. Sie sieht dank der Farbe sehr gut in sauer eingelegtem Gemüse aus.

Knollen-Sellerie

'Prinz' hat ein gutes Aroma und bildet nur selten Hohlräume aus – ein echter Pluspunkt. Im Boden muss er mit Stroh gegen die Kälte geschützt werden.

Mangold

Die große, weiße Sorte 'Fordhook Giant' ist in meinem Garten in England sehr winterhart. Saatmischungen mit roten Blättern sehen hübsch aus, sollten aber als Erstes gegessen werden, da sie nicht sehr winterhart sind.

Stauden-Sellerie

'Celebrity' ist eine Sorte mit gerillten Blattstielen, die natürlich bleichen. Sie sind kurz, aber von sehr gutem Geschmack; das Gleiche gilt auch für 'Ivory Tower' mit längeren, glatten Blattstielen.
Blattsellerie fehlen die langen Blattstiele, aber er liefert selbst in kalten Wintern verlässliche Ernten und lohnt die Kultur. Die Blätter schmecken gut in Suppen und Eintöpfen.
Der panaschierte 'Radicchio di treviso tardiva' ist eine spät reifende, grüne Sorte mit roten, gefleckten Blättern. Das Herz ist sehr schön rosa und grün gefärbt. Er verträgt Frost und kann bis Februar geerntet werden (Aussaat im warmen Oktober).

Gegenseite, oben links: Baumkohl; oben rechts Artischocke 'Violetto'; unten links Dicke Bohnen 'Aquadulce Claudia'; unten rechts Rosenkohl 'Seven Hills'

Chili

Sorten zum Einfrieren: große Chilischoten mit dickem Fleisch, wie Habanero, Rocoto, Poblano (auch Ancho), Anaheim, Padrón und Diabolo (Die Poblanos müssen vorher gegrillt und enthäutet werden.)

Sorten zum Trocknen: kleinere Formen, wie Cayenne, Thai und Bird Pepper (Die getrockneten, geriebenen Schoten würzen Kimchi; siehe S. 111.)

Sorten zum sauer Einlegen: Jalapeños

Feldsalat (Rapunzel)

Feldsalat bildet mittelgroße Blättchen und ist unter Vlies frostresistent.

Zucchini & Kürbis

Grundsätzlich halten sich die grün gestreiften Sorten am längsten, möglicherweise, weil sie eine dickere Schale haben. 'Striato d' Italia' ist eine gute, reich tragende Sorte.

Der Kürbis 'Tiger Cross' (F1) ist resistent gegen den Gurkenmosaikvirus und wurde für englisches Klima gezüchtet. Die hübsch gestreiften, jungen Früchte sind zucchiniartig, die älteren reifen zu Kürbissen heran, die sich unglaublich lange halten.

Wiesen-Schaumkraut

Das Wisen-Schaumkraut gehört zu den härtesten Salatpflanzen überhaupt. Wenn Sie es roh essen möchten, müssen die Blätter sehr jung geerntet werden – ältere Blätter sind ziemlich zäh, lassen sich aber immer noch kochen (wie Brunnenkresse).

Gurken

Die Sorte 'Parisian Pickling' wurde schon im 19. Jahrhundert gezüchtet. Eingelegt ergibt sie die besten Gewürzgurken (siehe S. 118). Wenn die warzige Schale abgeschält wird, schmecken Exemplare, die zu groß sind zum Einlegen, immer noch gut als Salatgurken. Die Gurken werden nicht bitter und können auch bei schlechtem Wetter an der Pflanze verbleiben.

'Marketmore' ist bekannt für seine großen, dunkelgrünen Früchte. Sie sind resistent gegen das Gurkenmosaikvirus und tragen sehr lange.

Fenchel

'Finale' bildet feste „Knollen" und schießt für einen Fenchel erstaunlich selten. Die italienische Sorte 'Mantovano' wird im Frühling geerntet und neigt ebenfalls nicht zum Schießen, wenn sie regelmäßig gegossen wird. Die seitlich abgeflachten Knollen schmecken sehr gut.

Knoblauch

Schlangenknoblauch (Rocambole), wie die kanadische Sorte 'Music', ist oft schwierig zu bekommen, für mich aber der beste lagerfähige Knoblauch – mindestens ein Jahr lang (siehe S. 43). Der Knoblauch 'Laaer Frühlingsknoblauch' besitzt eine gute Lagerfähigkeit und wird nicht mehr von der Knoblauchfliege befallen.

Grünkohl

Der **Palmkohl** 'Nero di Toscana' überzeugt mit dem besten Geschmack. Sobald er eine gewisse Größe erreicht hat, übersteht er sogar den Winter.

Der **Grünkohl** 'Red Russian' (auch 'Ragged Jack') dürfte zwar die winterhärteste Sorte sein, ich halte sein Aroma aber nicht für berauschend. Immerhin schmeckt er nach einem Frost besser und süßer, aber die Blätter können zäh sein. Ich nehme ihn als Füllmaterial für Eintöpfe und ähnliche Gerichte.

Der **Ewige Kohl** ist eine Staude, die mindestens fünf Jahre alt wird. Er schmeckt besser als der 'Red Russian', allerdings nicht so gut wie Palmkohl; als Staude schmeckt er nach den ersten Frösten etwas süßer.

Kohlrabi

'Superschmelz' wird überraschend groß – bis zur Größe eines Fußballs (Sie sollten sich aber fragen, ob Sie wirklich auf den Kohlrabi-Fußball warten wollen oder früher ernten.) Er reißt und schießt nicht.

Porree

'Musselburgh' ist nicht ohne Grund eine alte, beliebte Sorte; sie wächst auch bei schlechtem Wetter. Der Ackerlauch (*Allium ampeloprasum* var. *babingtonii*) ist eine natürliche Varietät des Porrees und ein guter Porree-Ersatz. Er liefert im Spätwinter/Vorfrühling frisches Grün, ist ähnlich dick wie Porree, hat aber weniger weiße Anteile. Im Spätsommer ausgegrabene Zwiebeln schmecken ähnlich wie Knoblauch. Als mehrjährige Wildpflanze ist er sehr nützlich im pflegeleichten Garten.

Blattsalate

Die Blätter enthalten sehr viel Wasser, lassen sich also nicht lagern. Es gibt allerdings einige Sorten, die sich auch durch schlechtes Wetter nicht schrecken lassen – das macht sie interessant. 'Winter Density' (auch 'Rouge d'Hiver') sind verlässliche Wintersalate, die unter einem schützenden Flies oder Folie auch schlechtestes Wetter überstehen.

Chilis 'Hungarian Black' und viele Knoblauch-Sorten

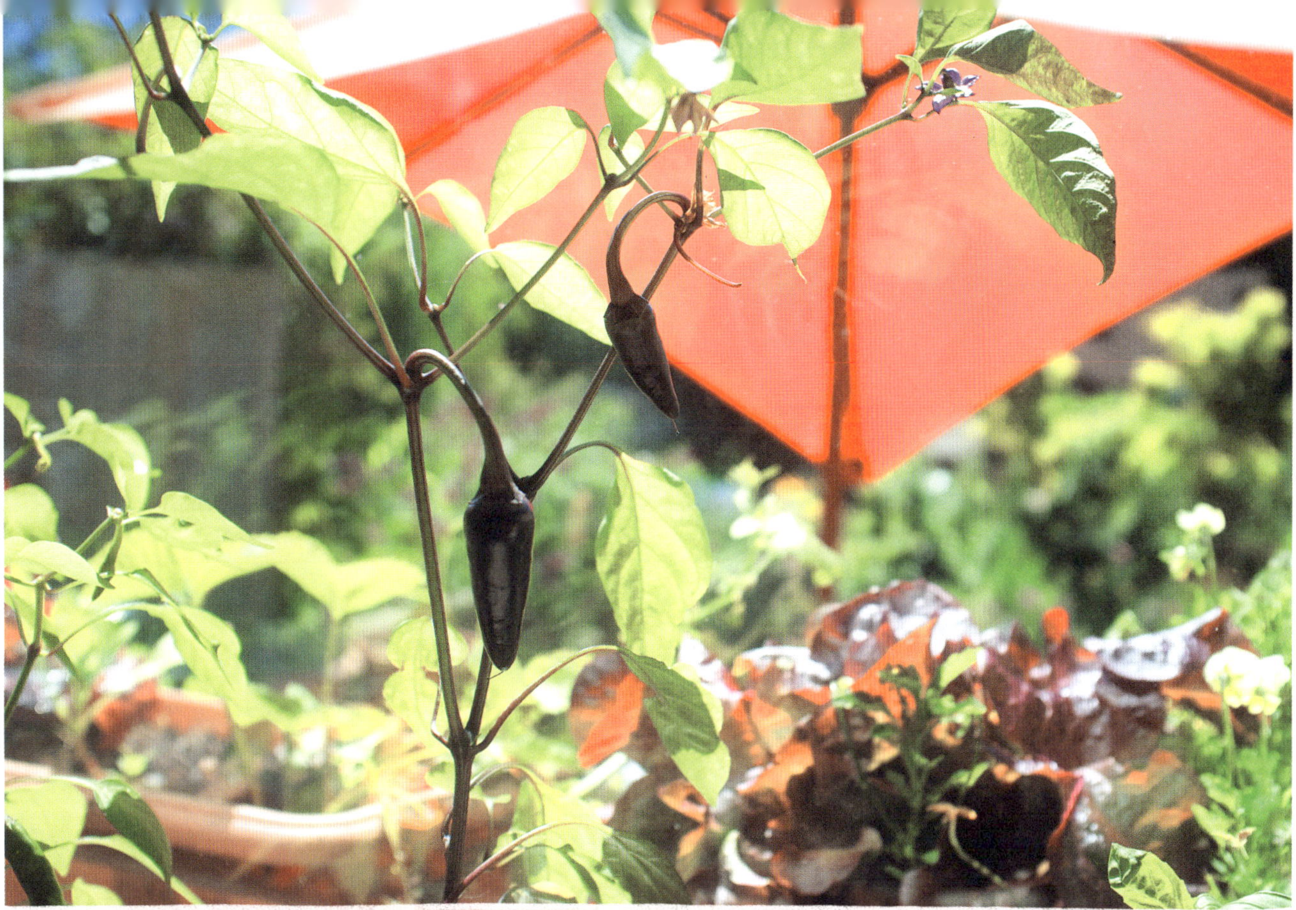

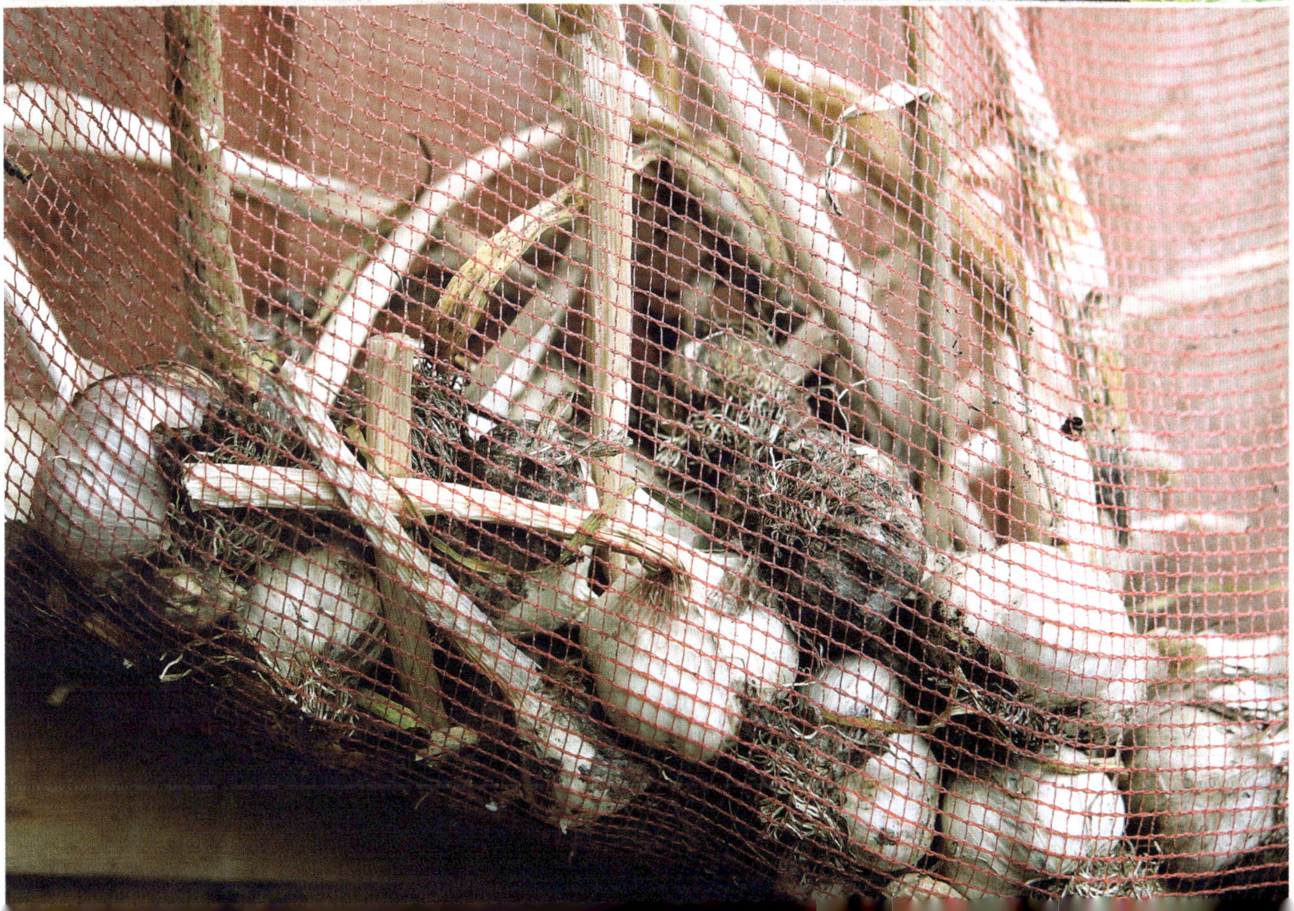

Senf

Der Blattsenf 'Grün im Schnee' ist extrem frosthart und schnell wachsend; auch 'Red Giant' (angenehm scharf) ist sehr kältetolerant.

Zwiebeln

'Shakespeare' ist eine **Winterzwiebel** mit guter Haltbarkeit und idealen Lagereigenschaften durch ihre festere Schale.

Die **Steckzwiebel** 'Red Baron' ist ein Klassiker unter den roten Zwiebeln mit hohem Ertrag und – für rote Sorten – relativ langer Lagerzeit. 'Garnet' ist ähnlich in Ertrag und Größe; beide sind ab August erntereif.

Die **Frühlingszwiebel** 'White Lisbon' ist eine langsam wachsende, aber verlässliche Sorte, die den Winter übersteht. Sie ist zu dünn für Kimchi und sauer eingelegtes Gemüse. Mein persönlicher Favorit für Kimchi (siehe S. 111) ist die Japanische Winterzwiebel 'Shimonita'. Sie wird so groß wie Porree und hat flache, röhrenförmige Blätter und ein mildes, süßes Aroma.

Petersilie

Knollen-Petersilie hat einen doppelten Nutzen: Die Blätter würzen Suppen und Eintöpfe als Ersatz für Petersilie/Sellerie und die Wurzel lässt sich wie Pastinake zubereiten. Sie kann auch gerieben und roh zu einer Remoulade gemischt werden (wie Knollen-Sellerie).

Gegenseite, oben links: Senfkohl 'Giant Red'; oben rechts: Pastinake 'Gladiator'; Salat 'Blonde a Roma'; unten rechts: Rhabarber 'Victoria'

Pastinake

'Gladiator' ist eine F1-Hybride, die für englisches Klima gezüchtet wurde; vor allem ist sie resistent gegen Bakterienbrand. Die Sorte schmeckt gut, sitzt fest im Boden und ist verlässlich. 'Tender & True' ist ebenfalls resistent gegen Bakterienbrand, sitzt fest, kann aber riesig werden.

Birnen

Die Blüten leiden unter Frost, daher sollten Sie nach Sorten suchen, die möglichst spät blühen. 'Gellerts Butterbirne' und 'Conferencebirne' reifen im September bis Oktober; 'Glou Morceau' um die Weihnachtszeit – sie hat ein exquisites Aroma, braucht aber einen geschützten Platz.

Erbsen

Ich muss zugeben, dass wir unsere Erbsen immer so schnell aufessen, dass nichts für den Gefrierschrank übrig bleibt, aber die Sorten 'Green Shaft', 'Waverex' und 'Telephone' sollen auch nach dem Einfrieren noch gut schmecken.

Pflaumen

Unbearbeitete Pflaumen sind grundsätzlich kaum lagerfähig, aber 'Ortenauer' reift erst ab Ende August und verlängert nach den früheren Pflaumensorten wie 'Opal' oder 'The Czar' die Erntezeit.

Kartoffeln

Grundsätzlich sind die Sorten der Haupternte am besten für die Lagerung geeignet, doch auch einige andere halten sich den ganzen Winter über.

Sarpo 'Mira' ist eine Kartoffelsorte für alle Zwecke, auch eine gute Bratkartoffel. Sie ist ideal für Biogärten, resistent gegen Kartoffelfäule, verträgt Trocken-

heit und hält sich im kühlen Keller bis zu einem Jahr.

'Rosa Tannenzäpfle' ist eine fantastische Salatkartoffel, die für den Winter gelagert werden kann. Auch 'Charlotte' und 'Belle de Fontenany' (keine Frühkartoffel, sondern aus der Haupternte) sind lange lagerfähig.

Radicchio

'Palla Rossa Marzatica' ist ein spät reifender Radicchio mit roten Köpfen, der zwischen Dezember und Januar geerntet wird. 'Rossa di Treviso' bildet keine Köpfe, sondern tiefrote Blätter mit weißen Mittelrippen (gut für die Treiberei). Sie liefert dann über lange Zeit hübsche rosa Blätter. 'Tardivo' reift besonders spät; er wird im März geerntet.

Rettich

'Schwarzer Runder Winter' ist ein kugelrunder Winterrettich mit scharfem Geschmack. Er eignet sich gut für Kimchi oder Wokgerichte. Die dicke, schwarze Schale sollte man abschälen, bevor man das weiße Fleisch roh isst. Der japanische Rettich (Daikon) 'Minowase' mit rein weißen Wurzeln wird im Dezember reif. Auch die japanische Sorte 'Red Flesh' hält sich gut in der Kälte. Die Knolle hat einen milden Geschmack und ist innen rot und weiß gefärbt.

Rhabarber

'Victoria' ist eine bewährte, zuverlässige Sorte, die alle fünf Jahre durch Teilung verjüngt werden sollte. Sie liefert allerdings auch dann gute, grünlich rosa Blattstiele, wenn man sie in Ruhe lässt. Die früher reifende Sorte 'Champagne' hat wunderbar scharlachrote Blattstiele (besonders eindrucksvoll nach Treiberei), wird allerdings von Schnecken geliebt.

Schwarzwurzel

Schwarzwurzeln haben lange, dünne Wurzeln, dünner als Pastinaken. Manchmal werden sie als „Austern" unter den Gemüsen bezeichnet; im Frühling sind auch die Triebe essbar. Für gerade Wurzeln brauchen sie sehr sandigen Boden (sonst gabeln sich die Wurzeln und lassen sich nur mühsam schälen).

Spinat

Nach meiner Erfahrung lassen sich alle Spinatsorten mit großen Blättern nach kurzem Blanchieren (siehe S.185) sehr gut einfrieren. Meine persönlichen Favoriten sind 'Amerikanischer Riesenspinat' und 'Bella' (F1) als winterharte Sorte. Ich kultiviere meinen Spinat für die Herbst- und Frühlingsernte.

Kürbisse

Der Butternusskürbis 'Sprinter' (F1) kommt mit dem nördlichen Klima zurecht und lässt sich gut lagern. Eine bewährte und traditionelle Butternuss-Sorte ist 'Butternut'. 'Crown Prince' und Neuzüchtungen wie 'Autumn Crown' sind die besten Winterkürbisse. Sie müssen allerdings vor der Lagerung nachreifen, damit sie ein gutes Aroma entwickeln (etwa zwei Wochen bei 25 °C – die Stärke wird in Zucker umgewandelt – und noch mal einen Monat bei 10 °C – Bildung von Kohlenhydraten). Sie schmecken am besten zwischen sechs Wochen und drei Monaten nach der Ernte; danach werden sie wässrig. 'Marina di Chioggia' ist eine alte italienische Sorte mit tiefgelbem Fleisch und einer warzigen, blauen Schale.

Erdbeeren

Gute Sorten von einmaltragenden Erdbeeren sind: 'Kent', 'Honeoye', 'Lambada', 'Thulana', 'Korona', 'Polka', 'Sonata', 'Tenira' (früh bis mittelfrüh). Die Sorten 'Thuchampion', 'Thuriga', 'Salsa' tragen mittelspät bis spät. 'Symphony' ist eine mehltauresistente Züchtung mit einheitlichen Beeren und gutem Aroma. Eine sehr aromatische Liebhabersorte ist 'Mieze Schindler'. 'Ostara', 'Mara de Bois' und 'Seascape' tragen mehrmals Früchte im Jahr.

Kohlrüben

'Marian' ist sehr widerstandsfähig gegen Mehltau und Kohlhernie; die Knollen sind auf der Oberseite purpurn gefärbt; Erntezeit von Oktober bis Januar.

Zuckermais

Auch dieses Gemüse kommt in unserer Familie nie weiter als bis zum Kochtopf. Die F1-Hybride 'Lark' ist an kühleres Klima angepasst und reift schneller. Die Pflanzen können ohne Bestäubungsschutz mit anderen Sorten zusammenwachsen.

Tomatillos

Empfehlenswerte Sorten sind beispielsweise 'Schmoll', die viele, relativ große, teilweise violette Früchte liefert. 'Tomatillo Purple' trägt mittelgroße, violette Früchte, und 'Tomatillo grün' hat kleine Früchte mit grüner Ausfärbung.
Physalis sind mit den Tomatillos verwandt, die Beeren sind aber süßer, vergleichbar mit dem Aroma von kleinen Ananas. Sie reifen gegen Ende der Vegetationsperiode und werden vor allem in Desserts verwendet. Sie können getrocknet, in Sirup eingelegt oder eingefroren werden.

Tomaten

Die Fleischtomate 'Ferline' mit einer gewissen Resistenz gegen Braunfäule bildet große, rote Früchte mit gutem Aroma; sie wächst auch im Topf. Die Strauchtomate 'Latah' ist eine sehr frühe Salattomate, die auch kühle Sommer verkraftet. Sie breitet sich gerne aus und trägt Früchte mit wunderbar ausgewogener Süße und Säure; schmeckt roh oder gekocht. Die Kirschtomate 'Losetto' eignet sich gut für die Kultur im Topf, da sie sich stark ausbreitet. Sie ist resistent gegen Braunfäule und ihre kleinen Früchte lassen sich außergewöhnlich gut trocknen. Die winzigen Kirschtomaten von 'Matt's Wild Cherry' lassen sich wunderbar als Ganzes im Ofen trocknen. 'Oregon Spring' ist eine verlässliche, frühe Sorte und die härteste unter den Strauchtomaten – ein Geschenk des Himmels bei unserem Klima! Die mittelgroßen Früchte haben ein angenehmes Aroma. Die beste Sorte für Pasta & Pizza ist 'San Marzano', die aber in unserem Klima nur im Gewächshaus wirklich ausreift.

Steckrüben

Die Mairübe 'Snowball' esse ich am liebsten, solange sie gerade so groß ist wie ein Golfball. Sie ist früh erntereif und ideal für die Frühlings- und Herbstaussaat. 'Golden Ball' ist eine Herbstrübe mit cremigem, gelbem Fleisch, die sich hervorragend lagern lässt. Die Oberseite von 'Purple Top Milan' ist purpurn gefärbt. Sie hat eine flache Form, reift schnell und kommt gut mit nördlichem Klima zurecht.

ALLES ÜBER DIE ERNTE

Ich habe in den Obstgärten der *Royal Horticultural Society* (Großbritannien) gelernt, wie man Äpfel richtig pflückt. Eigentlich ging es dabei um alle Früchte und wir schlossen den Lehrgang mit einer Note ab. Wehe dem, der eine Frucht zu fest anfasste oder die empfindliche Apfelblüte abriss, die man uns zeigte – dann mussten wir noch mal von vorn anfangen. Kirschen wurden am Stiel angefasst – niemals auf der Frucht – Äpfel mit der Hand umschlossen und vorsichtig nach oben gedrückt. Wenn der Stiel abbrach, waren sie reif, wenn nicht, ging es zum nächsten. Solche Details sind wichtig, denn jede Druckstelle, jeder Riss verkürzt das Leben in der Vorratskammer. Die Schale schützt unsere Früchte und hält sie in optimalem Zustand. Sogar das Waschen kann zu Schäden führen, denn dabei wird die Oberfläche der Schale abgerieben. Auch beim Umgang mit den Früchten gilt absolute Vorsicht: Ein Apfel, der herunterfällt, setzt die Frucht ebenso unter Stress, wie ein Kohlkopf, der zu fest angefasst wird – alles verkürzt die Lebensdauer. Es ist wahr: Ein verdorbener Apfel verdirbt alle.

Erntetipps

Äpfel werden von unten mit der Hand umschlossen und nach oben gedrückt. Wenn der Stiel abbricht, ist der Apfel reif, wenn nicht, muss er noch ein bisschen nachreifen. Reife Äpfel lösen sich immer mit dem Stiel.

Auberginen sind erntereif, wenn sie glatt und glänzend aussehen; ich bevorzuge sie klein. Das Klima in Großbritannien erlaubt keine großen Ernten, doch eine frühe Ernte kleiner Früchte verlängert die Ernteperiode. Auberginen werden abgeschnitten; beim Abreißen könnte der Stängel beschädigt werden.

Bohnen (Busch- und Stangen-Bohnen) werden geerntet, wenn sie so dick sind wie ein Bleistift. Die Bohnensamen sollten gerade fühlbar, aber noch knackig sein – brechen Sie zur Probe eine Hülse auseinander. Stangen-Bohnen schmecken am besten, wenn sie etwa 15 cm lang sind; danach werden sie holzig. Knipsen Sie die wachsenden Spitzen ab, sobald die Bohnenpflanzen eine Höhe von ca. 2 m erreicht haben, sonst wachsen sie weiter und Sie wollen die Bohnen schließlich ernten.

Bohnen (Dicke) werden gepflückt, wenn die Hülsen daumendick sind; dann brauchen die kleinen, süßen Samen nicht gepellt zu werden. Wenn die Bohnen getrocknet werden sollen, bleiben die Hülsen an der Pflanze, bis sie dick sind und anfangen zu klappern (endgültig im Zimmer trocknen). Achtung: Die Hülsen der Dicken Bohnen müssen vorsichtig abgestreift werden (gegen die Wachstumsrichtung), sonst brechen die Stängel; falls nötig, unterstützen Sie die Stängel.

Bohnen (Borlotti) Ernten Sie die erste Charge, solange die Bohnen noch jung und etwa so groß wie Busch-Bohnen sind. Diese Bohnen werden ganz gegessen. Durch die Ernte wird die Pflanze angeregt, weitere Früchte zu bilden, die dann ausreifen dürfen. Sie sind erntereif, wenn die Samen deutlich sichtbar sind und die Hülsen runzlig werden.

Rote Bete – die ersten „Baby-Bete" werden mit einem Durchmesser von 5 cm geerntet. Sie sind sehr süß und haben keine oder nur eine sehr dünne Schale. Wenn Sie vorsichtig vorgehen, können Sie mit diesen Roten Beten die Reihe ausdünnen und die anderen wachsen lassen; bei der Ernte sollten sie aber nicht größer sein als ein Tennisball. Gießen Sie gründlich bei heißem Wetter, sonst werden die Knollen holzig.

Brokkoli/Blumenkohl wird am besten frühmorgens geerntet, wenn die Köpfe voll entwickelt, aber noch kompakt sind. Wenn Sie zu lange warten, gehen die Blütenstände auf und werden zäh und holzig. Wenn Sie den Stängel direkt unter dem Blütenstand durchschneiden, bildet er manchmal noch Seitentriebe mit neuen Köpfen. Brokkoli mag kein heißes Wetter; dann nimmt er einen deutlichen Kohlgeschmack an.

Kohlköpfe sollten kompakt und fest sein (nur Rippenkohl hat lockere Blätter). Sobald der Kohlkopf schießt, lockern sich die Blätter, diese eignen sich aber immer noch für Gemüsefonds. Die zarten Spitzen werden als Frühkohlersatz gegessen. Selbst schießender Kohl lässt sich noch nutzen: Schneiden Sie den Kohlkopf so

weit oben wie möglich ab und schneiden Sie den verbliebenen Strunk an der Pflanze 1–2 mm tief kreuzförmig ein. Aus jeder Ecke treiben neue, zarte Blätter aus. Sie werden zwar kaum größer als 5 cm, schmecken aber sehr gut in Suppen oder Wok-Gerichten. Bei sehr mildem Wetter können Sie nach der Blatternte die Prozedur mehrmals wiederholen, ehe Sie den Kohl ausgraben und den Platz für andere Pflanzen nutzen.

Möhren können jederzeit geerntet werden. Der Möhrenhals färbt sich grün, sobald er ans Licht kommt (decken Sie die wachsende Wurzel mit etwas Kompost ab, wenn Sie das Ergrünen vermeiden möchten). Möhren, die zu lange in der Erde bleiben, bekommen einen holzigen Kern und schmecken nicht so süß. Tatsächlich ist es möglich, Möhren bis zur Ernte ein Jahr lang in der Erde zu lassen. Dann müssen sie allerdings langsam und schwach gekocht werden. Wenn Sie nicht gerade sehr sandigen Boden haben, sollten Möhren mit der Grabgabel geerntet werden, damit sie nicht zerbrechen. Im schlimmsten aller Fälle können Sie den oberen Teil der Wurzel (Wurzelhals) einpflanzen und das austreibende, essbare Grün als Garnierung nutzen.

Blumenkohl – siehe Brokkoli

Stauden-Sellerie (vor allem die selbst bleichenden Sorten) werden zwischen August und November, auf jeden Fall vor den ersten Frösten, geerntet. Bleichsellerie ist etwas winterhärter und kann bis Dezember geerntet werden, wenn die Blattstiele mit Stroh und Folie umwickelt werden.

Mangoldblätter können in jedem Stadium geerntet und gegessen werden. Um eine lange Erntezeit zu gewährleisten, brauchen Sie kräftige Pflanzen, von denen jeweils nur die äußeren Blätter abgezogen werden (nicht abschneiden, sonst „bluten" sie aus, d. h. sie verlieren bei heißem Wetter zu viel Flüssigkeit). Die Pflanzen wachsen nur weiter, wenn mindestens vier bis sechs Blätter stehen bleiben. Bei mildem Wetter übersteht Mangold sogar den Winter und kann bis in den Frühling geerntet werden – bei zunehmenden Temperaturen beginnt er zu blühen.

Chicorée und Radicchio überleben bis -3 °C (je nach Sorte). Die Sorten, bei denen das Herz geerntet wird, ertragen allerdings nur leichten Frost. Sie müssen bis Ende November abgeschnitten und bis zum Verzehr so kühl wie möglich gelagert werden. Sorten, bei denen die Blätter einzeln geerntet werden, kommen mit einer Vliesabdeckung gut durch den Winter. Allerdings ist die Ernte dann nicht mehr groß und reicht eher für einen Wintersalat als für ein Gericht.

Gurken werden zwischen 10 und 20 cm Länge, also möglichst klein, geerntet. Kleine Gurken schmecken süß und sind ein prima Snack – eine kontinuierliche Ernte garantiert ständigen Nachschub. Wenn Sie viele kleine Gurken sauer einlegen möchten,

sollten Sie mehrere Pflanzen kultivieren. Große Gurken enthalten viele Samen und sind oft auch bitter. Zitronengurken werden hellgelb geerntet; ausgereifte, kräftig gelbe Exemplare sind hohl und samenreich.

Fenchel wird geerntet, wenn die Knolle anschwillt – irgendwo zwischen der Größe eines Golf- und Tennisballs. Bei trockenem oder schlechtem Wetter schießt Fenchel leicht; dann fließen alle Nährstoffe in die Blüte und nicht mehr in die Knollen. Die zarten, gehackten Fenchelblätter schmecken gut in Salaten oder zu Fisch, die zähen Stängel werden zu einem Gemüsefond gekocht.

Knoblauch – siehe Zwiebeln

Grünkohl kann jederzeit geerntet werden. Auf dem Markt wird er meist komplett als Strunk mit Blättern angeboten, im Garten sollten Sie aber nur die jeweils unteren Blätter abschneiden; Miniblätter schmecken im Salat. Kontinuierliche Ernte verkraften nur robuste, gut etablierte Pflanzen. Wenn Sie die Spitze abschneiden, treibt Grünkohl zwar wieder aus, es vergehen aber Wochen bis zur nächsten Ernte. Daher ist es sinnvoller, sechs bis acht innere Blätter stehen zu lassen. Wenn die ältesten Blätter zerfleddert aussehen, gehören sie auf den Kompost; sie sind zu zäh.

Porree kann bereits geerntet werden, wenn er nur daumendick ist. Dann sind die Stangen unbeschreiblich süß und zart und werden als Ganzes gegessen. Älterer Porree wird geerntet, solange er noch keine Blütenstängel bildet. Sobald das geschieht, können Sie immer noch die Basis der Stange verzehren; sie wird

zubereitet wie grüner Knoblauch oder Winterzwiebeln. Porree muss regelmäßig gegossen werden; achten Sie beim Jäten darauf, dass keine Erde zwischen die Blätter kommt – sie wird garantiert auf Ihrem Teller landen. Für lange, weiße Stangen muss der Porree angehäufelt werden. Halten Sie Porree beim Putzen und Waschen mit den Wurzeln (Abschneiden) nach oben, damit keine Erde zwischen die Blätter gespült wird.

Blattsalat sollte frühmorgens oder abends gepflückt werden, wenn es kühl ist. Wenn Sie nur jeweils einige der äußeren Blätter abzupfen (statt die ganze Pflanze), verlängert sich die Ernteperiode. Ein Salat, von dem nur jeweils die äußeren Blätter entfernt werden, hält bis zu 12 Wochen durch. Immer reichlich gießen und den Blattaustrieb durch Flüssigdünger einmal wöchentlich anregen.

Zwiebeln und Knoblauch sind erntereif, sobald sich die Pflanzenspitzen gelb färben. Es ist nicht nötig, die Pflanzen auf den Boden zu treten – diese häufig empfohlene Technik verringert nur die Haltbarkeit der Zwiebeln. Trocknen Sie Zwiebeln und Knoblauch an einem warmen, luftigen Ort (möglichst im Freien); unter einer Veranda sind sie vor Regen geschützt. Legen Sie die Zwiebeln möglichst auf einen Rahmen mit Kaninchendraht, damit sie von allen Seiten belüftet werden. Sie sind trocken, sobald sich Schale, Spitzen und Wurzeln völlig trocken anfühlen. Erst jetzt werden Wurzeln und Sprosse abgeschnitten und die Schalen für die Lagerung gesäubert. Knoblauch kann bereits grün im Mai geerntet werden. Dann ist die Knolle noch nicht in Zehen unterteilt und schmeckt gedämpft oder gebraten mild nussig.

Gegenseite, oben links: Radicchio 'Palla Rossa'; oben rechts Mangold 'Bright Lights'; unten: Kartoffeln 'Blue Danube'

Auch die Knoblauchblüten sind essbar. Sie werden geerntet, solange die Stängel noch weich und biegsam und die Blüten noch geschlossen sind. Die Blüten schmecken roh im Pesto oder kurz gebraten. Ich halte sie für eine Delikatesse und kultiviere nur für diesen Zweck viel Rocambole (er blüht bereitwilliger).

Erbsen werden frühmorgens oder abends geerntet, möglichst immer die knackigsten Hülsen. Wenn Sie regelmäßig, am besten täglich, ernten, bilden Erbsenpflanzen immer wieder neue Früchte. Wenn Sie die Erbsen innerhalb der Hülse fühlen, sind sie reif und können „gepult" werden. Die Hülse sollte leuchtend grün und glänzend aussehen – Risse oder gelbe Verfärbung weisen auf zähe, stärkereiche Erbsen hin. Zuckerschoten werden gepflückt, wenn sich die Hülsen knackend zerbrechen lassen.

Birnen sind reif, sobald sie weich sind und die Farbe ändern. Späte Birnensorten werden im Oktober geerntet und bleiben zur Nachreife kühl und frostfrei liegen.

Pflaumen sind reif, sobald sie sich weich anfühlen. Überreife Pflaumen sind empfindlich und müssen sofort weiterverarbeitet werden.

Kürbisse brauchen für einen guten Geschmack viel Sonne. Wenn sich zwei oder drei Früchte zeigen, wird die wachsende Spitze abgeknipst, damit alle Energie in die vorhandenen Früchte fließt. Entfernen Sie gegen Ende der Vegetationszeit (etwa im September) einige Blätter, damit die Früchte in der Sonne liegen. Drehen Sie die Früchte vorsichtig um, damit nicht immer dieselbe Seite auf der Erde liegt. Sollte das nicht gehen,

legen Sie den Kürbis wenigstens auf einen umgedrehten Teller oder Stroh (bei Feuchtigkeit auf Schnecken achten); so härtet die Schale besser aus. In diesem Stadium sind die Kürbisse wegen der noch weichen Schale durch Ratten und Eichhörnchen gefährdet – treffen Sie Vorsichtsmaßnahmen. Zur Erntezeit sollte die Schale hart sein (nicht mit dem Fingernagel einzudrücken). Schneiden Sie Kürbisse immer mit Stiel und etwas Triebansatz ab. Obwohl der Stiel wie ein praktischer Griff aussieht, darf der Kürbis nicht am Stiel angefasst werden; er bricht leicht ab und von der Bruchstelle breitet sich Fäulnis aus. Im Idealfall brauchen Kürbisse dann noch einmal zehn Tage bei 20–25 °C zur Nachreife. Dabei wird Stärke in Zucker umgewandelt. Danach wird er kühl (10 °C) und frostfrei gelagert.

Eierkürbisse sollten eine harte Schale haben, gegen die Sie klopfen können; manchmal sind sie allerdings schon zu Beginn der Vegetationszeit so hart, dass Sie die Schale nicht mit dem Fingernagel eindrücken könnten. Widerstehen Sie der Versuchung, Eierkürbisse am Stiel anzufassen.

Rettiche Winterrettiche, vor allem die japanischen Daikon-Rettiche, werden mittlerweile auch in Europa angebaut. Schwarze Rettiche sind einigermaßen frostfest, weiße (Daikon) leiden darunter. Daher lasse ich meine Rettiche nicht im Boden, sondern grabe sie aus, drehe die Blätter ab (sie können blanchiert werden, schmecken aber auch im Wintersalat) und lagere sie in Sand (siehe S. 56). Dort halten sie sich ein paar Monate.

Salatblätter und Pak-Choi werden von wenigen Zentimetern bis 10–15 cm Höhe geerntet (daher lassen sich selbst die Blätter vom Ausdünnen verwerten). Pflücksalate werden geerntet, sobald sie etwa 5–10 cm hoch sind; sie sollten dann mindestens noch einmal austreiben, auch wenn die Blätter zunehmend bitterer und zäher werden. Jeweils nach der Ernte werden die Pflanzen gegossen und gedüngt (Flüssigdünger). Wenn die Pflücksalate Milchsaft bilden und bitter schmecken, stehen sie kurz vor der Blütenbildung – der Saft ist ein Schutzmechanismus gegen die Schnecken.

Würzige Blätter, beispielsweise von Rucola und Senf, schmecken bei kaltem und trockenem Wetter sehr intensiv. Vor allem Senfblätter können unerträglich scharf und zäh werden; im Winter eignen sie sich nur noch zum Kochen. Allerdings dürfen sie nicht länger als 30 Sekunden kochen, sonst werden sie bitter. Unter einer Pflanzenglocke, im Minigewächshaus oder unbeheizten Polytunnel bleibt der Geschmack mild.

Spinat braucht dagegen kaltes Wetter; ich kultiviere ihn für die Ernte im Spätfrühling oder Frühherbst. Bei heißem Wetter beginnt er sofort zu schießen. Sie können die Babyblätter wie beim Pflücksalat ernten, wenn sie 5–10 cm hoch sind. Spinat treibt nur neu aus, wenn die Pflanze höher ist als 2–4 cm. Alternativ ernten Sie nur die äußeren Blätter, sobald sich fünf bis sechs ausgewachsene Blätter gebildet haben. Auf diese Weise lässt sich die Ernteperiode verlängern. Nicht vergessen: Bei trockenem Wetter unbedingt gießen, damit der Spinat nicht schießt. Regelmäßige Ernte bedeutet kontinuierlichen Nachschub.

Zuckermais wird geerntet, sobald die Fäden braun und weich werden. Streifen Sie die Hüllblätter zurück und drücken Sie mit dem Daumennagel in ein Maiskorn – wenn milchige Flüssigkeit austritt, ist der Mais erntereif. Ist die Flüssigkeit klar, müssen Sie sich noch etwas gedulden. Tritt dagegen gar keine Flüssigkeit mehr aus, haben Sie den richtigen Zeitpunkt verpasst. Dann geben die Maiskolben nur noch gutes Hühnerfutter ab. Die alte Redensart, „Den Mais erst ernten, wenn das Wasser fast kocht", ist richtig. In vielen Sorten beginnt der Umbau von süßem Zucker zu Stärke bereits innerhalb von 30 Minuten.

Tomaten werden gepflückt, sobald sie durchgehend gefärbt sind (außer gestreifte Sorten). Bei Sorten mit dünner Schale platzt bei unregelmäßiger Wasserversorgung (Petrus oder Ihre Gießkanne) die Haut auf. Schneiden Sie solche Tomaten vom Strauch, sobald sich die erste Farbe zeigt, und lassen Sie die Früchte im Zimmer ausreifen (niemals in den Kühlschrank legen, denn Kälte beeinflusst das Aroma). Sollten am Ende des Sommers immer noch viele unreife Früchte am Strauch hängen, schneiden Sie die ganzen Triebe ab. Sie werden zusammen mit ein paar reifen Tomaten oder Bananen (beide geben das gasförmige Reifehormon Ethylen ab) zur Nachreife kopfunter in der Wärme aufgehängt oder in eine Tüte/Schrank gelegt.

Steckrüben – Frühlingsrüben lassen sich nicht kalt im Winter lagern; das Aroma wäre zu stark. Die Rüben für Herbst und Winter werden zwischen Juli und September gesät. Bei der Ernte sollten sie maximal so groß sein wie Golfbälle (besonders süß) oder Tennisbälle (für die Lagerung); selbst bei dieser Größe kann das Innere bereits hohl sein. Alle größeren Rüben schmecken nach Senf und so bitter, dass Sie sich fragen werden, wie Sie überhaupt auf die Idee gekommen sind, Rüben zu säen. Auch die grünen, oberirdischen Teile der Rüben sind essbar; die zarten Triebe in der Mitte schmecken göttlich wie Frühlingszwiebeln. Sie können sogar die geernteten Rüben weiterkultivieren: Schneiden Sie eine mehrere Zentimeter lange Kappe einer großen Rübe ab und setzen Sie sie in einem warmen Raum auf Sand. Daraus wachsen neue Triebe aus, die wie Frühlingszwiebeln blanchiert und gegessen werden.

Hinweis: Wenn gelagerte Rüben neue Blätter bilden, gehören sie in den Kochtopf, nicht in den Bioabfall.

ERNTESCHWEMME UND NUN?

Wenn im Garten meiner Mutter etwas nicht so lief wie erwartet, vertröstete sie sich auf das nächste Jahr. Sicher gibt es gute und schlechte Jahre, doch etwas klappt immer gut – meist völlig unerwartet – und dann sehen sich selbst versierte Gärtner plötzlich einer Ernteschwemme gegenüber. Ich sehe darin weder lästige Mehrarbeit oder tagelang dasselbe Essen, sondern freue mich über meinen Erfolg.

Gehen Sie kreativ an die Sache heran und wagen Sie vor allem Experimente. Vielleicht steht das beste Rezept für Eingemachtes gar nicht in diesem Buch, sondern Sie werden es noch erfinden. Gerade, wenn eine Zutat im Überfluss vorhanden ist, lohnt es sich, zu experimentieren – wie beim Kuchenbacken im Sandkasten. Einige meiner besten Rezepte sind auf diese Weise entstanden. Probieren Sie zuerst kleine Mengen aus und variieren Sie die Zutaten nach persönlichem Geschmack.

Gelegentlich kommt wirklich alles auf einmal: ein Angebot vom Markt, dem Sie nicht widerstehen konnten, Tomaten von einer Freundin. Verbringen Sie keine einsame Nacht am Herd! Laden Sie ein paar Freunde/Freundinnen ein, besorgen Sie Bier und vielleicht etwas zum Knabbern, das gut zur augenblicklichen Arbeit passt und bitten Sie um alte Marmeladengläser mit Deckel. Heizen Sie den Herd an, drehen Sie die Musik auf und erledigen Sie die Arbeit gemeinsam bei Plausch & Tratsch. Versprechen Sie jedem Helfer ein Glas (die Gläser müssen aber bis zum endgültigen Abkühlen stehen bleiben; ein zu früher Transport beeinflusst die Haltbarkeit). Ich verspreche Ihnen, wenn die Musik gut und die eingemachten Gemüse/Früchte lecker waren, brauchen Sie im nächsten Jahr keine Einladungen zu verschicken – Ihre FreundInnen werden garantiert von selbst aufkreuzen und Ihnen bereitwillig helfen.

LAGERUNG

Ende August liegt der Duft reifender Äpfel in meiner Nase; auch vollreife Erdbeeren duften an einem warmen Abend so intensiv, dass man sie erschnuppern kann. Andererseits sind der säuerliche Duft von schlecht werdender Milch oder Schimmelgeruch von Brot Warnsignale, die jeder kennt. Ich kann meiner Nase vertrauen, benutze meine Finger, um am Gewicht oder beim Ertasten von Gemüse und Obst zu prüfen, ob es in Ordnung oder schlecht geworden ist. Unsere Sinne sind immer noch geschärft für solche Dinge, auch wenn wir leider immer öfter dem Haltbarkeitsdatum auf der Packung vertrauen.

Jeder Mensch spürt, ob ein Produkt essbar ist oder besser nicht. Vertrauen Sie auf Ihre Geschmacksknospen, und wenn ein Glas zischt, sich Blasen bilden, es zu süß oder zu sauer schmeckt oder merkwürdig riecht, dann essen Sie es nicht mehr. Es gibt nur eine Ausnahme, bei der Sie niemals auf Nase oder Geschmacksknospen vertrauen dürfen: Wenn die Versiegelung eines Glases im Wasserbad kaputt ist, darf der Inhalt auf keinen Fall gekostet werden! Tragen Sie den Verlust mit Fassung, er kommt dem Kompost zugute – nichts wird verschwendet, wenn Sie nicht wollen.

Um ein Gemüse oder Obst richtig kennenzulernen, müssen Sie seine Natur verstehen. So etwas gelingt nicht auf die Schnelle. Nach einer Vegetationsperiode haben Sie schon viel gelernt, aber erst nach einigen Jahren wird Ihnen klar, dass Sie immer noch an der Oberfläche kratzen. Was während der Vegetationsperiode geschieht, beeinflusst die Lagerung: Bei feuchtem Wetter werden Obst und Gemüse weicher, bei Trockenheit sind sie kleiner und trocknen schneller aus. Wenn Sie sich das ganze Jahr über mit gelagerten Lebensmitteln versorgen möchten, müssen Sie die Natur berücksichtigen, sonst werden Ihre guten Vorsätze rasch zu Makulatur. Beobachten Sie genau, was draußen geschieht und Sie werden gut essen.

Die Lebensdauer eines Gemüses nach der Ernte hat die Menschen schon immer interessiert. Es ist ein gutes Geschäft, Erbsen innerhalb von Minuten zu ernten, einzupacken und tiefzugefrieren oder Spargel in kürzester Zeit von Kenia nach Kent zu transportieren. Auch im Garten ist es harte Arbeit, die Pflanzen so zu kultivieren, dass sie in der Vorratskammer haltbar bleiben. Selbstverständlich zählen für unsere Vorräte andere Kriterien als für Supermärkte. Wenn Sie, wie ich, in der Stadt wohnen, haben Sie vermutlich nicht einmal eine Vorratskammer. Ich hebe meine Vorräte im Badezimmer, auf dem Dachboden zwischen unseren vergessenen Dingen, im Flur neben den Stiefeln oder an anderen Orten mit gleichmäßiger Temperatur auf. Ich mache es einfach und es klappt. Selbstverständlich hätte ich gerne eine große Vorratskammer mit kalten Schieferplatten und kühlen Schränken, aber leider muss ich unsere Kürbisse günstig in der Wohnung verteilen.

In einer Wohnung findet sich immer ein Plätzchen, draußen geht das nicht so leicht. Sie müssen geeignete Maßnahmen ergreifen, um draußen in der Kälte Gemüse zu lagern, das den ganzen Winter über nutzbar bleibt – fast umsonst und ohne Stromkosten.

Die natürliche Kältelagerung nutzt die Kälte des Erdbodens, traditionell im Rübenkeller. Früher hatten alle Häuser eine Möglichkeit, Speisen zu lagern, etwa in einem gemauerten Keller oder in einer Grube. Die dicke Schieferplatte, an die ich beim Schreiben mit den Knien stoße, ist der bescheidene Rest einer solchen Kühlkammer – mein Schreibzimmer ist hier untergebracht. Die Schieferplatte reicht bis zur Außenmauer und leitet so die Kälte des Bodens von außen nach innen weiter. Der Boden liegt unterhalb des Bodenniveaus und ist mit Steinplatten bedeckt, sodass die Luft von unten gekühlt und angefeuchtet wird. Vielleicht kommt der Tag, an dem ich mein Schreibzimmer wieder in eine echte Speisekammer verwandele, aber bis dahin schreibe und träume ich nur davon.

NATÜRLICHES VERFALLSDATUM BEI OBST & GEMÜSE

Sobald Obst oder Gemüse geerntet wird, beginnt ein langsamer Todeswalzer. Der Stress durch den Wasser- und Nährstoffverlust führt dazu, dass sie sich buchstäblich selbst verdauen. Sie greifen die Stärke- (Zucker-) Vorräte an, veratmen sie und geben Abbauprodukte ab – lagernde Äpfel beispielsweise einen charakteristischen Duft.

Von dieser Regel gibt es nur wenige Ausnahmen: Zwiebeln, Kartoffeln, Pastinaken und andere Speicherorgane sind von der Natur dafür gebaut, den Winter in der kühlen Erde zu überdauern. Aber das andere Erntegut ist dem Tode geweiht. Unsere Aufgabe besteht darin, diesen Verfallsprozess möglichst aufzuhalten, und zwar so lange, bis wir die Vorräte verzehrt haben, ohne dass sich ihr Geschmack verändert hat.

Am schwersten machen es uns Gemüse wie Erbsen, Brokkoli, Mais und Spargel, die sehr schnell schlecht werden. Die dünne Schale führt bei ihnen dazu, dass der freie Zucker sofort in Stärke umgewandelt wird – die „Verhärtung" ist eine mögliche Überlebensstrategie. Daher schmecken Erbsen, die unmittelbar nach der Ernte eingefroren werden, so außergewöhnlich gut; sie enthalten viel Zucker und wenig Stärke. In diese Kategorie gehört auch die alte Weisheit vom Mais, der erst geerntet werden sollte, wenn das Wasser schon kocht.

Früchte verhalten sich etwas anders. Bei manchen Arten verbessert sich der Geschmack sogar, wenn sie eine Weile liegen bleiben und nachreifen. Allerdings kommt es darauf an, den Punkt zu erwischen, an dem Reife in Verfall umschlägt. Wie Gemüse erreicht auch Obst einen Punkt, an dem es kein Zurück mehr gibt. Von da ab lösen sich die Gewebe auf; bestimmte Enzyme werden frei und verdauen die Bestandteile der Zellen. Die überall präsenten Mikroben machen mit beim Abbau und ehe man sich's versieht, ist lagerndes Obst reif für den Kompost – als feuchte, klebrige Masse.

Frische Produkte lagert man am besten in feuchter Atmosphäre. Früchte und Gemüse bestehen vor allem aus Wasser und vertragen kein Austrocknen. In trockener Luft verlieren die Zellen ihren Turgor (Spannung), welken und das Gewebe bricht zusammen. Daher schützen Papier oder Sand nicht nur die äußere Hülle von Wurzelgemüse, sondern verhindern auch die Austrocknung.

Nach der Trennung von der Pflanze betreiben Obst und Gemüse keine Fotosynthese mehr, atmen aber noch. Dabei entstehen Kohlendioxid und Wasser, das auf der Oberfläche kondensiert, was wiederum den Angriff von Mikroorganismen erleichtert. Wenn man eine unbelüftete Kiste mit Steckrüben öffnet, tropft das Kondenswasser nur so vom Deckel.

Im Rübenkeller oder der kühlen Speisekammer lagern die Lebensmittel bei niedriger Temperatur und der richtigen Luftfeuchte. Traditionell wurden solche

Keller 120 cm tief in den Boden eingegraben, sodass die Gemüse unter der Ebene des Bodenfrostes lagerten. Der Erdboden wirkte wie eine natürliche Isolation – kühl, aber nie in der Gefahr zu erfrieren.

In Regionen, wo solche Keller nicht möglich waren, beispielsweise bei felsigem Untergrund oder mit vielen Baumwurzeln, wurden die Vorratsräume aus Steinen gebaut und mit Grassoden abgedeckt. Aus verständlichen Gründen war der Eingang stets nach Norden ausgerichtet. Es gibt ganz unterschiedliche Baupläne für solche Vorratskeller; je größer die Räume waren, desto wichtiger war eine gute Belüftung. Das Gemüse, das in

Kühlkammern lagert, ist nicht etwa tot. Es atmet weiter und gibt Gase ab, die durch Belüftung entfernt werden müssen, damit die gelagerten Lebensmittel nicht leiden.

Einen Keller unter ein bestehendes Haus zu bauen, wäre zu kostspielig und unpraktisch. In einer Stadtwohnung wäre es ohnehin technisch kaum möglich. Immerhin gibt es mehrere Möglichkeiten, kleinere, gut funktionierende Lagerräume zu bauen.

Lagern in der Erde

Die einfachste Lagermethode besteht darin, das Gemüse in der Erde zu lassen. Schichten Sie eine dicke Lage Stroh, trockene Blätter oder anderen Mulch darüber, solange der Boden noch nicht gefroren ist. So können Sie das Gemüse selbst dann noch ausgraben, wenn der Boden in der Umgebung steinhart gefroren ist. Zum Schutz vor Winterstürmen wird der Mulch mit schweren Zweigen oder einer Plastikfolie bedeckt. Plastikfolie ist sogar besser, denn sie schützt den Boden vor Regen und erleichtert das Ausgraben.

Überraschenderweise gefriert der Boden in Hochbeeten später als der Gartenboden. Vielleicht liegt das daran, dass die Erde in Hochbeeten mehr organisches Material enthält, krümeliger und leichter ist. Auch im Hochbeet können Sie das Wurzelgemüse mit leichtem Strohmulch oder Gartenvlies bestens schützen.

Obwohl diese Methode sicherlich weniger Aufwand erfordert als ausgraben und an anderer Stelle einlagern, ist sie keineswegs immer ideal. Sie werden rasch feststellen, wo die Risiken liegen. Gemüse in der Erde wirkt auf Tiere wie ein Selbstbedienungsladen. Im vergangenen Jahr hatten die Eichhörnchen leichtes Spiel mit meinen Roten Beten, obwohl ich sie ordentlich gemulcht hatte. Das Gleiche galt für Mäuse und Schnegelschnecken, die sich unter der Erde dankbar über den Winter-Snack hergemacht hatten.

Gemüse, das im Beet überwintern kann

Rote Bete · Möhren · Knollen-Sellerie · Topinambur · Grünkohl* · Porree · Pastinaken · Kartoffeln · Schwarzwurzeln · Kohlrüben · Winterrettich

* Nicht abdecken, nur den Wurzelbereich mulchen, damit der Boden nicht gefriert.

Eine Alternative ist eine temporäre Kühlgrube: Heben Sie nahe am Haus, zumindest aber leicht zugänglich, eine flache Grube aus. Sie wird mit trockenen Blättern und Sand ausgekleidet und das ausgegrabene Wurzelgemüse hineingelegt. Mit einer Abdeckung aus Stroh und einer Seitenverkleidung aus Holzbrettern wird die Grube sicherer. Legen Sie einen Holzdeckel oder einfach Erde darüber, um die Grube zu verschließen; eine Plastikfolie schützt vor Regen. Die Folie wird mit Erde beschwert. Für eine schnell zugängliche, temporäre Grube, wenn Sie das Gemüse zügig aufbrauchen möchten, reicht auch eine Abdeckung aus Erde aus. Die im Beet frei werdende Fläche kann im Winter mit Gründünger eingesät werden.

Möhren, Pastinaken, Kohlrüben und andere Wurzelgemüse werden durch die winterlichen Fröste süßer, denn in der Kälte wird mehr Stärke in Zucker umgewandelt und der Geschmack verbessert. Wenn der Wetterbericht sehr starken Frost ankündigt, decken Sie das Gemüse mit einem Folientunnel, Gartenvlies oder Netzen ab; damit erhöht sich die Bodentemperatur um ein Grad. Bis auf Topinambur und Pastinaken (bleiben unter Stroh und Blättern in der Erde) grabe ich eigentlich alles aus. Ich habe gelernt, dass in sehr harten Wintern zu viel Vorrat dem Frostbrand zum Opfer fiel.

EINE UNTERIRDISCHE KÜHLKAMMER

Solche traditionellen Speicher waren während des 2. Weltkrieges sehr beliebt: Das Gemüse wurde auf dem Boden gestapelt und mit Lagen von Stroh und Erde abgedeckt. Eine traditionelle Miete ist sicherlich eine wunderbare Sache, aber ich muss aus bitterer Erfahrung eingestehen, dass es gar nicht so einfach ist. Wenn man das Gemüse einfach nur auf einen Haufen legt, endet man mit schimmeligen Kartoffeln! Der Schlüssel zum Erfolg ist eine gute Belüftung. Sie besteht aus einem zentralen Schacht, der mit Stroh gefüllt wurde und einer 10 cm dicken Decke aus Erde. Ich habe im Laufe der Jahre mehrere dieser Mieten gebaut. Es macht Spaß, sicher, aber es gibt definitiv einfachere Methoden. Wenn Sie unbedingt eine alte Gemüsemiete bauen wollen, besorgen sich ein Vorkriegs-Gartenbuch, in dem der Bau solcher Mieten beschrieben wird. Dort wird genau gezeigt, wie die gelagerten Produkte belüftet werden müssen (beim Umbau von Stärke in Zucker entsteht Wärme, die abgeführt werden muss).

Mein modernes Äquivalent ist längst nicht so hübsch und romantisch, funktioniert aber erstaunlich gut. Ich benutze diese Methode nun schon erfolgreich seit vielen Jahren: Graben Sie dazu eine Abfalltonne aus Plastik oder Metall in den Boden ein (Plastik isoliert ein wenig besser). Solche Tonnen sind nicht nur billig und komplett wasserdicht; darin sind Gemüse und Äpfel auch geschützt vor Ungeziefer und Insekten.

In mehreren dieser Tonnen bringen Sie den gesamten Vorrat problemlos über die Wintermonate.

Graben Sie ein 120 cm tiefes Loch in der Größe der Tonne. Wenn möglich sollte der Deckel der Tonne gerade über die Erdoberfläche reichen, damit bei Starkregen kein Wasser in die Tonne läuft. Falls der Deckel der Tonne tiefer sitzen soll, graben Sie das Loch etwas tiefer und breiter als die Höhe und der Durchmesser der Tonne. Legen Sie den Boden des Loches mit Steinen aus, stellen Sie die Tonne darauf und füllen Sie Steine rund um die Tonne auf. Die Steine fungieren als Dränage; das Wasser wird von der Tonne weg geleitet und versickert besser. Lassen Sie Ihre Kreativität spielen, damit Sie nicht an Wintertagen auf dem Bauch liegend in die Tiefe der Tonne greifen müssen. Ich lagere meine Vorräte in hohen Blumeneimern und Netzsäcken, die sich einfach hochheben lassen. Graben Sie die Tonnen auf schrägem Gelände im Winkel von etwa 45° in den Boden.

Sand, Sägespäne, trockene Blätter oder Stroh verbessern die Wärmeisolation. Ich bevorzuge Sand. Eine feuchte Atmosphäre ist besonders wichtig für die gelagerten Gemüse und Äpfel; sie sollte irgendwo zwischen 80 und 90 Prozent relativer Luftfeuchtigkeit liegen. Die natürliche Atmung der Gemüse erhöht die Feuchtigkeit der Umgebung. Sand saugt diese Feuchtigkeit auf, während Stroh und Sägespäne zu verrotten beginnen – damit steigt die Temperatur, was dem gelagerten Gemüse nicht hilft.

Was kann in einer Tonne gelagert werden?

	Lagerzeit*
Äpfel	4–5 Monate
Rote Bete	4–5 Monate
Rosenkohl	2 Wochen
Kopfkohl	2 Wochen
Möhren	4–5 Monate
Blumenkohl	10 Tage
Knollen-Sellerie	6 Monate
Topinambur	4 Wochen
Grünkohl	5 Tage
Porree	4–6 Wochen
Zwiebeln	6 Monate
Pastinaken	6 Monate
Birnen	2–3 Monate
Kartoffeln	9 Monate
Quitten	4–5 Monate
Kohlrüben	7 Monate
Steckrüben	3 Monate
Winterrettich	3 Monate

*sortenabhängig

Lagerung im Haus (10–20 °C)

	Lagerzeit*
Riesenkürbisse/Kürbisse	6–7 Monate bei 16–20 °C
Eierkürbisse	4 Monate bei 10–16 °C
Knoblauch	5 Monate über 15 °C
Zwiebeln	5–7 Monate über 15 °C

*sortenabhängig

Perfektes Sommerlager

In Afrika dienen Terrakottakrüge als preiswerte Alternative für Kühlschränke. Sie funktionieren nach einem einfachen Prinzip: Die Terrakottakrüge stehen in einer Schale mit Wasser. Die Wände saugen das Wasser auf und geben es durch Verdunstung wieder ab. Die dabei entstehende Verdunstungskälte kühlt den Inhalt des Kruges. Da dieses Prinzip nur in der Wärme funktioniert, müssen die „Kühlschränke" kurioserweise in der Sonne stehen.

Die Methode funktioniert erstaunlich gut mit tropischen und subtropischen Früchten, wie Auberginen, Tomaten, Paprika und Bohnen, die sich bei 10 °C besser halten als in einem etwas kälteren, konventionellen Kühlschrank. Bei tieferen Temperaturen setzen die Zellen der Früchte Enzyme frei, die den Geschmack verändern. Sie glauben mir nicht? Legen Sie eine Tomate über Nacht in den Kühlschrank und vergleichen Sie deren Geschmack mit einer frisch geernteten – der Unterschied ist enorm.

Sie brauchen für diese Lagermethode zwei ineinander passende Terrakottatöpfe (der innere muss einen um 8 cm kleineren Durchmesser haben), einen Untersetzer, Sand und einen Deckel. Stellen Sie die Töpfe ineinander und füllen Sie den Zwischenraum mit feuchtem Sand. Stellen Sie die Töpfe in den Untersetzer und füllen Sie regelmäßig Wasser nach. Der Sand sollte feucht, aber nicht nass sein. Nun brauchen Sie nur noch Früchte oder Gemüse hineinzulegen und den Deckel aufzusetzen.

TROCKNEN

Mit Früchten, die langsam und sehr sanft getrocknet werden, geschieht etwas Faszinierendes: Die Essenz des Fruchtaromas wird verstärkt. In Scheiben geschnittene, getrocknete Erdbeeren werden „erdbeeriger". Andere Früchte verändern ihren Charakter: Eine getrocknete Birne ist angenehm im Biss, süß und beinahe karamellig. Der Wasserverlust darf die Früchte nicht radikal in steinharte, ausgedörrte Produkte verwandeln, sondern sie sollten ihr Wasser so langsam abgegeben, dass sie im Winter zum Leckerbissen werden.

Beim Trocknen wird das Wasser in den Zellen der Früchte entzogen. Der natürliche Wassergehalt des essbaren Teils einer frischen Pflanze liegt bei etwa 90–95 Prozent. Sinkt er auf 5 bis 30 Prozent ab, ist die Frucht trocken. In diesem Stadium fehlt den Mikroben die Lebensgrundlage – die Frucht ist konserviert.

Was lässt sich trocknen?

Prinzipiell kann man fast alle Gartenprodukte trocknen, aber eigentlich lohnt es sich nur für Früchte und Samen. Gemüse verlieren während des Trocknungsprozesses zu viel Geschmack und ihr Vitamingehalt nimmt ab. Ausnahmen sind nur Tomaten und Chilischoten (botanisch sind es Früchte). Auf die richtige Weise getrocknete Früchte behalten wegen ihres relativ hohen Säureanteils die Vitamine. Das Trocknen muss langsam bei sehr geringer Wärme ablaufen, damit alles Gute in den Früchten erhalten bleibt. Selbst eine Heizung kann da zu warm sein und zu schnell trocknen.

Praktisch: ein Leinwandtrockner

Ein Leinwandtrockner ist einfach und schnell hergestellt. Nehmen Sie alte Kissenbezüge (Leinen) oder besorgen Sie sich in einem Geschäft für Handarbeiten Leinen für Stickerei (auch Plastik ist gut, weil bereits steif). Leinen und Baumwolle müssen auf einen Rahmen aus Bambus oder Stäben gespannt werden. Nähen Sie die Stoffränder zu einem Saum um und stecken die Stäbe durch. Stellen Sie den Rahmen mit dem Trockengut über eine Wärmequelle – hoch über einer Heizung ist der ideale Platz. Im besten Fall bauen Sie sich einen Ständer für mehrere Stoffrahmen oder Sie suchen bei eBay nach Angeboten für Trockenrahmen für Kräuter.

Wie lässt sich trocknen?

Die Menschen in heißen Ländern trocknen Früchte mit der Kraft der Sonne, entweder draußen in der direkten Sonne, eingegraben in heißem Sand oder mit Hilfe eines Soloar-Trockners. In unseren kühleren Breiten brauchen wir häufig die Unterstützung von künstlicher Wärme. Grundsätzlich lassen sich Früchte über der Heizung, im Backofen (holzbefeuert) oder bei niedriger Temperatur in einem konventionellen Backofen trocknen. Ich bevorzuge allerdings elektrische Trockengeräte (Dörrapparate). Die Methode hat viele Vorteile: Sie ist effizient, verbraucht relativ wenig Strom, die geringe Hitze garantiert exzellente Ergebnisse und ich kann größere Mengen auf einmal trocknen. Sie ist nicht kostenlos, aber ein guter Kompromiss.

In dem Kasten oben finden Sie die Anleitung für einen einfachen Leinwandtrockner, der die Wärme des Hauses ausnutzt. Er ist ideal für Kräuter, Samen und kleine Früchte und kann überall dort stehen, wo es warm ist: im Sommer im Freien, in einem Gewächshaus, auf der Veranda oder in der Nähe einer Wärmequelle (beispielsweise in einem gut belüfteten Schrank).

Äpfel werden auf einen Stock gefädelt und über einer Heizung oder einem Ofen getrocknet. Das Kerngehäuse wird mit einem Kernausstecher entfernt; der Apfel kann, muss aber nicht geschält werden. Reiben Sie den Stock mit etwas Öl ein, damit die Äpfel nicht kleben bleiben und reihen Sie die Äpfel mit ein paar Zentimetern Abstand auf, damit sie sich beim Trocknen krümmen können und nicht aneinanderkleben. Andere Früchte und Pilze werden an der Schnur getrocknet (Küchengarn oder andere feste Schnur oder Bindfaden). Die Früchte werden angebunden oder eingefädelt und wie eine Kette über einer Wärmequelle aufgehängt. Ich habe sogar gelesen, dass man Schlehenzweige nehmen und die Früchte auf die Dornen aufspießen kann – eine natürliche und raffinierte Methode.

An der Pflanze trocknen

Sobald die Samen in den Hülsen der Stangen-Bohnen klappern, sind sie trocken und bereit für die Lagerung. Das Trocknen an der Pflanze ist ein natürlicher Prozess im Kreislauf des Pflanzenlebens. Die Mutterpflanzen verlagern so viele Nährstoffe wie möglich in die Samen, damit die Keimlinge im nächsten Jahr einen guten Start haben.

In einem guten Jahr lassen sich die Samen von Dicken-, Stangen-, Busch- und Soja-Bohnen an der Pflanze trocknen. Allerdings kann ein feuchter Herbst alles verderben. Dann müssen Sie die Hülsen in die warme Wohnung holen. Die Samen werden aus der Hülse gepult und auf einem Backblech zum Trocknen ausgelegt; sie werden nun idealerweise bei einer Temperatur um 18 °C irgendwo außerhalb der direkten Sonne getrocknet. Die Trockendauer hängt von der Größe der Bohnen und der Sorte ab; in der Regel reichen einige Tage.

Statt die Bohnen gleich in ein Glas zu füllen, sterilisiere ich sie vorher, um Insekteneier zu töten. Am einfachsten geht das in einer Gefrierdose, die 48 Stunden lang im Tiefkühlfach steht. Schütten Sie die Bohnen dann zum Auftauen auf ein Backpapier – in der Dose könnten sie schimmelig werden. Wenn sie wieder vollständig trocken sind, fülle ich sie in Gläser, wo sie sich mindestens ein Jahr lang halten.

Samen und Kräuter

Dill-, Kümmel-, Fenchel- und andere Samen sammele ich an sonnigen Tagen, bevor die vollreifen Früchte aufgehen und ihre Samen ausstreuen. Stülpen Sie eine Papiertüte über einen Fruchtstand und schneiden Sie ihn mit einer Schere direkt in die Tüte. Hängen Sie die Fruchtstände kopfunter mit der Tüte auf – den Rest besorgt die Schwerkraft. Manchmal sind die Samen allerdings störrisch und müssen mit den Fingern vorsichtig abgestreift werden. Sollte sich dabei zu viel Spreu lösen, schütten Sie alles in ein feines Küchensieb und reiben Sie Samen und Spreu mit den Fingern, um sie zu trennen. Um Spreu und Samen endgültig zu trennen, warten Sie auf einen windigen Tag und lassen Sie die Mischung langsam von einer in eine andere Schüssel rieseln: Der Wind trägt die Spreu davon. Wenn partout kein Wind aufkommt, müssen Sie pusten.

Majoran, Minze, Lavendelblüten, Rosenblütenblätter und andere Kräuter und leichte Pflanzenteile werden an einem sonnigen Tag in einem feinen Netz oder Stoffsäckchen an der Wäscheleine getrocknet. Während die Blatt- und Blütenfarben in der direkten Sonne ausbleichen, bleiben sie im Säckchen weitgehend erhalten. Außerdem sind die Pflanzen darin vor Insekten und Vögeln geschützt. Schwenken Sie regelmäßig den Inhalt und holen Sie den Beutel abends ins Haus. Diese Methode ist simpel und kostet keinen Cent.

Ausprobieren das A und O. Prüfen Sie den Trocknungsgrad mit den Fingern. Wenn die Frucht geschmeidig nachgibt, sich ledrig anfühlt und keine Feuchtigkeit mehr abgibt, ist sie trocken. Warten Sie ab, bis die Früchte aus dem Trockengerät abgekühlt sind. Warme Früchte fühlen sich immer weich an und werden beim Abkühlen härter. Wenn die erste Portion zu trocken ist, verkürzen Sie beim nächsten Mal die Trockendauer oder schneiden Sie die Früchte in dickere Scheiben.

Vor dem Lagern sollten die Trockenfrüchte nochmals sterilisiert werden. Das gilt vor allem für Früchte, die offen im Freien getrocknet wurden und wie Magnete auf Fruchtfliegen wirken. Geben Sie die Trockenfrüchte in eine Tiefkühldose und lassen Sie sie 48 Stunden lang tiefgefrieren; danach auf einem Backblech ausbreiten und auftauen lassen (in der Dose schwitzen sie und verderben). Die meisten Trockenfrüchte sind ein Jahr lang essbar, danach schmecken sie schal.

Früchte

Legen Sie die Früchte vor dem Trocknen in eine schwache Säurelösung, um Bakterien auf der Oberfläche zu töten. Außerdem behalten die Früchte so ihre Farbe, dickschalige Arten (Pflaumen, Weintrauben und andere) weichen auf und trocknen schneller.

Ich benutze Zitronensäure, Sie können aber auch frischen Zitronensaft benutzen (zu gleichen Teilen mit Wasser verdünnen): Lösen Sie einen Teelöffel Zitronensäure in 1 l Wasser auf, legen Sie die Früchte hinein und lassen alles etwa zehn Minuten stehen. Falls nötig, können Sie die Lösung auch mehrmals benutzen.

Früchte trocknen am besten bei Temperaturen um 60 °C, auch niedrigere Temperaturen sind möglich. Ich trockne meine Apfelringe beispielsweise neben einem Heizkörper in der Küche. Sie können die Früchte aber auch auf einem Blech ausbreiten und bei kleinster Hitze im Backofen, Trockengerät oder luftigen Schrank trocknen.

Je nach Alter, Größe und Vorbereitung variieren die Trockenzeiten enorm. Generell trocknen ältere Früchte schneller als frische. Wie so oft beim Konservieren ist

GEDÄMPFTE WINTERFRÜCHTE

Möglicherweise stammt dieses Rezept aus Polen. Ich habe es als Teenager bei meiner Freundin Anna kennengelernt.

> 2–3 Hände voll gemischte Trockenfrüchte
> (z. B. Äpfel, Birnen, Pflaumen, Erdbeeren,
> Holunderbeeren)
> 1 Teebeutel Lapsang Souchong
> 100 ml warmes Wasser
> Saft 1 Apfelsine (optional)
> 2 EL brauner Zucker
> Ein paar Gewürznelken oder Nelkenwurz
> (einige Wurzeln)
> 1 kleine Zimtstange
> Ein Schuss süßer Wein oder Pflaumenschnaps

Alle Zutaten müssen in einer Schüssel für etwa eine Stunde lang ziehen, bis sich die Früchte vollgesaugt haben; Teebeutel entfernen. Decken Sie die Schüssel mit Klarsichtfolie ab und stellen Sie alles etwa eine Woche lang in den Kühlschrank. Die Früchte werden auf einem Müsli oder Haferbrei serviert.

So geht's: Früchte trocknen

Äpfel: Kerngehäuse ausstechen und in 1–2 cm dicke Ringe schneiden (mit oder ohne Schale). 30 Minuten lang in Zitronensäure oder -saft (siehe Gegenseite) einlegen, dann mit 2 cm Abstand auf einen eingefetteten Stab fädeln, damit sie nicht aneinanderkleben. Bei 60 °C acht Stunden lang trocknen; bei Zimmertemperatur mehrere Tage. Trockene Apfelscheiben in luftdichtem Behälter kühl aufbewahren; innerhalb eines Jahres verzehren.

Birnen: Schälen, halbieren, das Kerngehäuse entfernen und in 1–2 cm dicke Scheiben schneiden. 30 Minuten lang in Zitronensäure oder -saft (siehe Gegenseite) einlegen, dann zum Trocknen auf einem Backblech ausbreiten. Die besten Ergebnisse erzielen Sie bei 70 °C und acht Stunden. Trockene Birnenscheiben in luftdichtem Behälter kühl aufbewahren; innerhalb eines Jahres verzehren.

Himbeeren, Heidelbeeren, Holunderbeeren und andere werden möglichst als ganze Beere getrocknet. 15 Minuten in Zitronensäure oder -saft einlegen (nicht länger, sonst fallen sie auseinander; siehe Gegenseite), dann auf einem Backblech einzeln ausbreiten. Die besten Ergebnisse erzielen Sie bei 40 °C und sieben Stunden (die Zeiten können schwanken). In einem luftdichten Behälter kühl lagern und binnen sechs Monaten verzehren; sehr gut auf Müsli oder Cerealien.

Erdbeeren: In 1 cm dicke Scheiben schneiden und nebeneinander auf einem Backblech ausbreiten. Die besten Ergebnisse erzielen Sie bei 40 °C und sieben Stunden. Regelmäßig kontrollieren; die Scheiben sollten biegsam und nicht spröde sein. Zu lange getrocknete Erdbeeren verlieren ihre Farbe. In einem luftdichten Behälter kühl lagern und binnen sechs Monaten verzehren.

Holunderbeeren sind nach dem Trocknen erstaunlich süß; sie schmecken gut in Muffins, Kuchen oder in pikanten Gerichten wie Tajine.

Pflaumen: Halbieren und den Stein entfernen. 30 Minuten lang in Zitronensäure oder -saft (siehe Gegenseite) einlegen. Die halbierten Pflaumen mit der Schnittfläche nach oben auf ein Backblech legen; so bleibt die Mitte etwas klebrig (verbessert den Geschmack, stört allerdings etwas bei der Lagerung). Die besten Ergebnisse erzielen Sie mit 70 °C und 10 Stunden. Trockenpflaumen in luftdichtem Behälter kühl aufbewahren; innerhalb eines Jahres verzehren.

FRUCHT-LEDER

Frucht-Leder lässt sich aus jeder Frucht oder püriertem Fruchtfleisch herstellen, auch aus dem Fruchtpüree, das bei der Geleeherstellung übrig bleibt (siehe S. 136). Die Herstellung ist sehr einfach: Das Püree wird auf einer flachen Oberfläche ausgestrichen und möglichst bei 70 °C getrocknet. Ich bekomme die besten Ergebnisse in einem Dörrapparat, aber ich habe auch schon Frucht-Leder gesehen, das über Holzöfen oder Heizungen getrocknet worden ist.

Ein gutes Frucht-Leder hat etwa die Konsistenz von Leder, ist geschmeidig und glänzend. Zucker kann beigefügt werden. Wenn es unbedingt süß sein muss, empfehle ich Honig statt Zucker. Eine gute Fruchtbasis liefern Bananen (so alt wie möglich) oder Weintrauben.

GRUNDREZPET FÜR FRUCHT-LEDER

Als Grundlage brauchen Sie sehr reife Früchte; für Frucht-Leder können Sie daher alles verbrauchen, was beinahe überreif ist – je süßer, desto besser.

Für ein 30 x 30 cm großes Stück

200–300 g frische Früchte Ihrer Wahl (je reifer desto besser), üblicherweise Äpfel und Himbeeren, Erdbeeren und Bananen oder nur Damaszenerpflaumen

2 EL Zitronensaft (oder 1/8 TL Zitronensäure)

55 g Kristallzucker oder 2 EL Honig; Honig nach Geschmack (optional)

Gewürze Ihrer Wahl, beispielsweise 1/8 TL gemahlener Zimt, Kardamom, Piment, Ingwer oder Muskat, Vanille, Zitronen- oder Limonensaft (das Aroma wird beim Trocknen intensiver)

Puderzucker zum Bestäuben

Heizen Sie den Backofen oder Dörrapparat auf 70 °C vor und legen Sie ein Backpapier (oder Silikonmatte) auf die Arbeitsfläche; kein Wachspapier (schmilzt) oder Alufolie (wird zu heiß und schmilzt das Frucht-Leder).

Früchte gründlich waschen, Stiele, Kerngehäuse, Samen, Steine oder Schalen entfernen. Äpfel müssen vor dem Pürieren erwärmt werden, Himbeeren werden kalt püriert. Schneiden Sie größere Früchte in Stücke; mit etwas Wasser in einen schweren Topf geben und zugedeckt auf kleiner Hitze erwärmen, bis sie zerfallen. Mit dem Kartoffelstampfer oder Pürierstab zu einem glatten Püree zerkleinern und Zitronensaft oder Zitronensäure einrühren, um die Entfärbung zu verhindern; Zucker, Honig und Gewürze einrühren. Die Masse sollte honigartig flüssig sein; unter Umständen muss sie vorsichtig etwas eingekocht werden.

Streichen Sie das Püree etwa einen halben Zentimeter dick auf Backpapier aus (Frucht-Leder schrumpft zusammen); eine dickere Schicht braucht länger. Frucht-Leder trocknet vom äußeren Rand nach innen; es ist fertig, wenn die Mitte nicht mehr klebrig ist. Drücken Sie mit dem Finger in die Mitte. Solange ein Eindruck bleibt, ist das Frucht-Leder nicht trocken. Die Trockendauer richtet sich nach der Größe, Dicke und dem Wassergehalt der Früchte. Im Dörrapparat dauert es etwa acht Stunden bei 70 °C, im Backofen 18 Stunden.

Das getrocknete Frucht-Leder wird in Streifen gerissen oder geschnitten und mit Puderzucker bestäubt, damit die Stücke nicht aneinanderkleben. Die Stücke werden in Plastikfolie eingeschlagen oder in einem luftdichten Behälter kühl aufbewahrt. Bei Zimmertemperatur halten sie sich einen Monat, bei 10 °C mehrere Monate und im Gefrierschrank mindestens ein Jahr.

FRUCHT-LEDER AUS ERDBEEREN

Da die Bananen schnell braun werden, enthält das Rezept mehr Zitronensaft – ich mag das kräftige Aroma. Schmecken Sie zum Schluss mit Zitronensaft ab.

- 1 kg reife Erdbeeren
- 440 g Kristallzucker (oder nach Geschmack)
- 3–4 Minzeblätter oder frisch gemahlener, schwarzer Pfeffer (optional)
- Saft einer kleinen Zitrone
- 2 sehr reife Bananen (optional)
- Puderzucker zum Bestäuben

Heizen Sie einen Dörrapparat auf 70 °C oder den Backofen auf niedrigste Stufe vor. Erdbeeren waschen, vierteln und in einer Schüssel mit dem Zucker übergießen; ein bis zwei Stunden stehen lassen, bis die Säfte austreten.

Pürieren Sie die Früchte mit einem Kartoffelstampfer; ich mag die Mischung gerne weich. Sie können die Erdbeeren auch zusammen mit Minzeblättern (optional) mit dem Pürierstab zerkleinern. Drücken Sie die Zitronen darüber aus; mit schwarzem Pfeffer würzen (optional). Sollte die Masse zu flüssig sein, geben Sie die zerquetschten Bananen dazu (sie süßen das Frucht-Leder).

Streichen Sie das Püree 5–8 mm dick auf Backpapier oder einer Silikonmatte aus; im Dörrapparat oder Backofen trocknen. Im Dörrapparat sollte das Frucht-Leder nach etwa sieben Stunden fertig sein, im Backofen dauert es länger. Wenn es sich auf Druck trocken anfühlt, wird es in Streifen geschnitten und mit Puderzucker bestäubt; in einem luftdichten Behälter aufheben.

Wenn Sie viel Obst trocknen und die Stromkosten berücksichtigen, ist ein Dörrapparat eine lohnende Investition. In der Sonne – nur an langen, heißen Sommertagen – dauert das Trocknen viel länger.

So geht's: Gemüse trocknen

Bohnen: siehe S. 63

Rote Bete: Für 10–15 Minuten in kochendem Wasser blanchieren oder dämpfen, bis sie gerade weich sind; dann in 5 mm dicke Scheiben schneiden. Trocknen, bis sie fest sind: Die Scheiben sollten nicht zerbrechen, sondern sich noch biegen lassen (die Trockendauer richtet sich nach der Frische der Knolle; gehen Sie von etwa sieben Stunden aus). Aufbewahren in einem luftdichten Gefäß.

Chilischoten: Breiten Sie die Schoten auf einem Backblech aus; sechs bis 10 Stunden bei 70–80 °C trocknen. An einem kühlen Platz, nicht in direktem Sonnenlicht aufbewahren. Hinweis: Wenn Sie sehr viele Chilischoten auf einmal trocknen, beispielsweise ein dicht gepacktes Blech, tritt in der Hitze des Ofens oder Dörrapparates das Öl aus – eines Nachts sind wir aufgewacht, weil die Atemluft scharf von Öl war, bis ich in die Küche raste und den Apparat ausschaltete.

Knoblauch: Schneiden Sie den Knoblauch in passende Stücke, denn getrockneter Knoblauch lässt sich kaum noch zerteilen. Breiten Sie die Stücke auf einem Blech aus; trocknen bei 60 °C, bis der Knoblauch gerade trocken ist und sich noch biegen lässt. Die dünnsten Stücke dürfen nicht braun werden. Gut für Salz- und Kräutermischungen.

Tomaten: Kirschtomaten werden ganz getrocknet, größere Tomaten halbiert. Breiten Sie die Tomaten auf einem Backblech oder Gitter aus; halbierte Tomaten zuerst mit der Schnittseite nach oben, nach der Hälfte der Zeit umdrehen. Die Tomaten werden bei 70–80 °C getrocknet. Da Tomaten sehr unterschiedlich groß sind, müssen Sie wahrscheinlich etwas umarrangieren, damit alle gleichmäßig trocken werden (das Trocknen dauert vier bis 12 Stunden). Vor allem in Pastasoßen, Eintöpfen und Suppen sind getrocknete Tomaten ein sehr guter Ersatz für frische. Sie schmecken intensiv süß und weich wie sonnengetrocknete Tomaten aus dem Laden. Heben Sie die Tomaten in einem luftdichten Behälter (nicht in direktem Sonnenlicht) oder im Gefrierfach auf (dort halten sie sich ewig).

GEMÜSECHIPS

Früher fand ich altes, getrocknetes Gemüse eher fade und langweilig, dann bin ich über die Gemüsechips gestolpert. Ich habe mit Grünkohl angefangen und kann nicht mehr genug davon kriegen.

GRÜNKOHL-CHIPS

Einen Grünkohlverweigerer dazu zu bringen, dieses nähr-stoffreiche Gemüse zu essen, ist eine Qual für alle Beteiligten – auch klein schneiden nützt nichts! Das leicht bittere Aroma der Kohlfamilie ist einfach nicht jedermanns Sache (tatsäch-lich gibt es ein Gen, das darüber bestimmt, ob das Aroma wahrgenommen wird oder nicht). Mit diesen Chips tricksen Sie aber die Genetik aus. Ich kenne niemanden, der sie nicht mag (vor allem, wenn sie nicht wissen, dass sie aus Grünkohl gemacht werden).

Sie können diese Chips bei kleinster Hitze im Backofen herstellen, müssen dann aber regelmäßig nachsehen, ob sie nicht verbrennen. Im Dörrapparat geht das deutlich einfacher.

> 1 großer Spross Grünkohl, gewaschen, Mittelrippen
> ausgeschnitten und in 4 cm breite Stücke gerupft
> 1 EL Apfelessig
> ½ TL fein gemahlenes Meersalz
> 1 EL Oliven- oder Sonnenblumenöl
> ½ TL Chilipulver (optional)
> 4 gehäufte EL Bierhefe (aus dem Reformhaus);
> eigentlich optional, aber ich finde, sie verbessert
> den Geschmack enorm

Dörrapparat auf 70 °C vorheizen, oder den Backofen auf die kleinste Stufe stellen. Grünkohl in einer Schüssel mit Essig, Salz, Öl, Chilipulver und Bierhefe (falls gewünscht) gründlich vermischen; der Grünkohl muss vollständig überzogen sein. Alles eine Stunde mari-nieren lassen.

Breiten Sie die Chips auf einem Gitter (Dörrapparat) oder Backblech (Backofen) aus; 40 Minuten trocknen lassen.

CHIPS MIT ASIATISCHEM AROMA Probieren Sie es mit folgender Marinade: 1 EL Apfelessig, 1 EL braunes Sesamöl, ½ TL Sojasoße, 4 EL Bierhefe (optional)

ROTE BETE- ODER ZUCCHINI-CHIPS

Für die dünnen Scheiben (5 mm) brauchen Sie eine Gemüse-mandoline; wenn Sie keine zur Verfügung haben, können Sie mit der Hand auch etwas dickere Scheiben schneiden, dann müssen die Chips aber vor dem Trocknen für ein bis zwei Minuten in Wasser oder Gemüsefond blanchiert werden. Probieren Sie eine Essig & Salz-Version (Pfeffer weglassen). Möhren und Pastinaken werden genauso zubereitet, müssen aber vor dem Trocknen zwei Minuten blanchiert werden.

  2 Zucchini oder 2 große Rote Bete, gewaschen und
     mit der Mandoline in Scheiben geschnitten
  1 TL Oliven- oder Sonnenblumenöl
  ¼ TL fein gemahlenes Meersalz
  ¼ TL schwarzer Pfeffer, gemahlen
  ¼ TL Edelsüßpaprika (oder scharfes Rosenpaprika,
     wenn Ihnen danach ist); optional

Heizen Sie den Dörrapparat auf 70 °C oder den Backofen auf die niedrigste Stufe vor. Vermischen Sie alle Zutaten in einer Schüssel gründlich mit den Händen; mindestens eine Stunde marinieren lassen.

Breiten Sie die Chips auf dem Gitter des Dörrapparates oder einem Backblech (für den Backofen) aus; vier Stunden trocknen, bis sie knusprig sind.

Abkühlen lassen und in einem luftdichten Behälter, nicht im direkten Sonnenlicht, aufbewahren; sie halten sich etwa einen Monat.

So geht's: Nüsse trocknen

Walnüsse: Nach Entfernen der grünen Frucht-hülle werden die Nüsse auf einem Gitter ausge-breitet und natürlich getrocknet (bei feuchtem Wetter unter einem Regenschutz). Die trockenen Nüsse halten sich in einem luftdichten Behälter an einem kühlen, trockenen Ort zwei Jahre lang.

Hasel- und Lambertnüsse: Die Nüsse werden auf einem Gitter ausgebreitet und natürlich getrocknet (bei feuchtem Wetter unter einem Regenschutz). Die trockenen Nüsse halten sich in einem luftdichten Behälter jahrelang.

Ess-Kastanien: Frische, nicht getrocknete Ess-Kastanien bleiben an einem feuchten, kühlen Ort wenige Wochen lang frisch. Wenn die Hülle ent-fernt wird und die Samen in einem Dörrapparat getrocknet werden, halten sie sich jahrelang. Trockene, gemahlene Ess-Kastanien (mit einer Kaffeemühle) schmecken ausgezeichnet in Plätzchen, Pfannkuchen und Pasta.

EINLEGEN

Ich liebe sauer eingelegtes Gemüse und manchmal überkommt mich ein regelrechter Heißhunger auf den essigsauren Saft. Vermutlich habe ich dieses Verlangen von meinem Vater geerbt, der Essig ähnlich gerne mag wie ich. Manchmal sehe ich morgens auf dem Küchentisch meiner Eltern Spuren von Rote Bete Saft, weil mein Vater mitten in der Nacht den eingelegten Roten Beten nicht widerstehen konnte.

Das Einlegen von Gemüse geht schnell und einfach. Der Duft des warmen Essigs vermischt mit etwas Zucker, Salz, dazu einige Gewürze, saisonales Gemüse – und alles ist in nur 30 Minuten fertig. Sie können eingelegtes Gemüse also das ganze Jahr über herstellen, sobald in Ihrem Garten Erntegut anfällt.

In einem guten Eingelegten „Mixed Pickle" sollte das Ausgangsprodukt dominieren. Der Essig darf die Gemüse nicht „erschlagen", sondern ihr Aroma unterstreichen. Wenn Sie beim Öffnen des Glases das Gesicht verziehen, ist der Essig eindeutig zu stark präsent – Gewürze und leichte Säure müssen das Aroma prägen. Die Gemüse dürfen weder ausbleichen noch in einer verschwommenen Brühe schwimmen, sondern sollten appetitlich aussehen. Das Glas muss dazu einladen, geöffnet zu werden; immerhin gibt Eingelegtes vielen Gerichten neuen Schwung. Ich halte eingelegte Chilischoten (siehe S. 83), vor allem die Jalapeños, für besonders vielseitig. Sie passen nicht nur zu Tacos, sondern auch zu kalten Nudelsalaten, auf Sandwiches, zu Käse oder sautiertem, grünem Gemüse. Wenn das Glas leer ist, haben Sie immer noch den Essig, der alle möglichen Vinaigretten interessanter macht.

MIT ESSIG

In der traditionellen Küche wird gerne Malzessig verwendet. In der Tat ist dieser tiefbraune Essig für viele Rezepte genau richtig, aber ich finde, man sollte auch Alternativen ausprobieren. Legen Sie asiatisch angehauchte Gemüse in Reisessig ein, helles Gemüse in Weißwein-, Dunkles in Rotwein- und die kleinen Perlzwiebeln in Balsamessig ein. Probieren Sie Apfelessig, gesüßt mit Apfelsaftkonzentrat für Zucchini- oder Gurkenscheiben mit Knoblauch und Pfefferkörnern. Sie schmecken hervorragend auf Geflügelsandwiches.

In manchen Rezepten in älteren Kochbüchern wird verlangt, kochenden Essig in die Gläser zu gießen. Diese Methode ist aber nur sinnvoll, wenn das eingelegte Gemüse robust ist und lange halten soll, beispielsweise gekochte Rote Bete.

Es wird oft empfohlen, die fertigen Gläser nach dem Einlegen im Wasserbad zu pasteurisieren (siehe S. 157), was ich aber bei der richtigen Säurekonzentration für nicht erforderlich halte. Während in Amerika das Pasteurisieren im Wasserbad zur traditionellen Zubereitung gehört, stößt die Methode in Europa eher auf Unverständnis. Sollten Sie jedoch dem Säuregehalt Ihrer Gläser nicht vertrauen, sind Sie mit dem zusätzlichen Wasserbad auf jeden Fall auf der sicheren Seite. Pasteurisieren Sie die Gläser bei niedriger Temperatur (82–85°C) für 30 Minuten im Wasserbad (siehe Kapitel Einmachen). Danach können Sie die Gläser in jedem Fall länger als einen Monat aufbewahren.

Halten Sie sich genau an die Angaben in den Rezepten, damit die Säurekonzentration nicht unterschritten wird. Rechnen Sie als Faustregel mit mindestens der gleichen Menge Essig und Wasser und arbeiten Sie mit 5–8-prozentigem Essig. Sparen Sie beim Essig nicht an der Qualität, wählen Sie nur beste Produkte. Weichen Sie nur dann auf selbst gemachten Essig aus, wenn Sie den pH-Wert präzise bestimmen können. Zu wenig Säure bedeutet Wachstum von pathogenen Keimen. Wenn das eingelegte Gemüse zu sauer schmeckt, bessern Sie mit Zucker nach; niemals mit Wasser verdünnen (Grundmischung: 60 g Zucker auf 1 Liter Essig). Wenn Sie von dieser Regel abweichen, müssen die Gläser im Wasserbad pasteurisiert werden oder gehören in den Kühlschrank (innerhalb einer Woche verzehren).

Kräuteressig selber machen

Kräuteressig ist eine würzige Zutat für eine Vinaigrette, die einen Salat hervorragend abrundet. Blüten sollten dazu nicht länger als zwei bis drei Wochen im Essig ziehen. Die Blätter können etwas länger ziehen, verlieren aber ihre Farbe und fallen auseinander, was wiederum die Qualität des Essigs beeinflusst. Ich gehe von gutem Weißwein- oder Apfelessig aus, die das Aroma der Blüten nicht erdrücken.

Sie können alles in Essig einlegen, was Sie möchten. Für den Anfang empfehle ich: Schnittlauch- und Knoblauchblüten, Rosenblütenblätter (nur in Weißweinessig), Dillsamen oder -blätter, Fenchelsamen und -blätter, Estragon, frische Himbeeren oder Rote Johannisbeeren.

Hinweis: Lassen Sie Blüten und Blätter nach dem Waschen stets natürlich trocknen; zusätzliches Wasser würde die Lebensdauer des Essigs verkürzen.

Intensives Aroma

Nach einer alten Regel wird Eingelegtes aromatischer, wenn es länger lagert. Mir schmeckt eingelegtes Gemüse aber am besten frisch, so ein paar Stunden nach dem Einlegen, wenn es noch richtig knackig ist. Oder nach höchstens einem Monat, wenn sich das intensive Aroma entfaltet hat, das Gemüse aber immer noch knackig ist. In Produkten aus dem Supermarkt sorgen Zusätze für den knackigen Biss.

In selbst eingelegten Gläsern wird das Gemüse nach einigen Monaten oft weich und breiig, daher plädiere ich dafür, das Eingelegte binnen drei Monaten aufzuessen. Das reicht über den Winter und im Frühling gibt es Nachschub. Die Japaner sagen, Eingelegtes sei für eine Nacht, eine Woche und vielleicht einen Monat, aber niemals für ein Jahr.

Wie Einlegen funktioniert

Im Unterschied zum Fermentieren (Gärung), wo der pH-Wert der Einlegeflüssigkeit das Gemüse während eines langen Zeitraumes konserviert, geschieht das beim Einlegen sofort. Der Säuregehalt des Essigs reicht aus, um das Wachstum der schädlichen Mikroorganismen unmittelbar zu unterbinden.

EINSALZEN

Wird das Gemüse vor dem Einlegen mit Salz behandelt, verbessert sich seine Struktur, da überschüssiges Wasser herausgezogen wird. Ich nutze zwei Methoden: Einlegen in Salzlake und Trockensalzen.

Die Salzlake funktioniert gut bei Roter Bete, Blumenkohl und Obst. Obwohl manche Rezepte zwei Tage vorsehen, lege ich nur über Nacht in Salz ein. Stellen Sie die Salzlake aus 100 g Salz in 1 Liter kaltem Wasser her. Erwärmen Sie die Salzlake vorsichtig, bis sich das Salz gelöst hat; abkühlen lassen und dann das Gemüse einlegen.

Trockensalzen lohnt sich vor allem bei Gemüse mit hohem Wassergehalt, wie Gurken, Zucchini und Eierkürbis (ich salze nur kleinere Mengen ein). Streuen Sie reichlich Salz über das Gemüse und stellen Sie einen Teller darauf (ein paar Gewichte beschleunigen die Sache). Nach meiner Erfahrung wird beim Trockensalzen genauso viel Wasser entzogen wie in Salzlake, und da das Salz anschließend ausgewaschen wird, brauchen Sie sich keine Gedanken über das Abwiegen zu machen. Größere Mengen werden in Lagen gesalzen und übereinander geschichtet.

MIT GEWÜRZEN VERFEINERN

Essig lässt sich mit sehr vielen Gewürzen aromatisieren. Die besten Ergebnisse liefert ein Essig, in dem die Gewürze eine Woche lang ziehen, bevor Gemüse anschließend darin eingelegt werden kann. Wenn Sie den Ansatz des Essigs vergessen haben, können Sie Essig und Gewürze aber auch vorsichtig erwärmen, um das Gewürzaroma schneller freizusetzen. Für einen süßen Einlegeessig müssen Sie dem Würzessig zusätzlich Zucker hinzugeben und die Flasche jeden Tag vorsichtig schütteln, bis sich der Zucker aufgelöst hat; dauert etwa zwei Wochen.

Ganze Gewürze sind besser als gemahlene. Sollten Sie das in den Zutaten gewünschte Gewürz nur in gemahlener Form haben, reduzieren Sie die Menge auf ein Viertel. In vielen Rezepten wird empfohlen, die Gewürze vor dem Abfüllen in Flaschen abzusieben. Letztlich liegt die Entscheidung bei Ihnen. Wenn die Gewürze im Essig bleiben, wird dieser stärker aromatisiert – machen Sie sich auf eine Überraschung gefasst, wenn Sie eine vergessene Flasche öffnen. Gemahlene Gewürze lassen sich nur durch mehrere Lagen von Musselin richtig ausseihen.

EIGENE GEWÜRZMISCHUNGEN KOMPONIEREN

Es macht großen Spaß, mit eigenen Gewürzmischungen zu experimentieren. In einer Pfanne geröstete Gewürze entfalten ein viel intensiveres Aroma. Ich röste Kreuzkümmel-, Koriander-, Senf- und Fenchelsamen zu gleichen Teilen in einer heißen Pfanne, bis der Duft aufsteigt und die Samenkörner gerade Farbe annehmen.

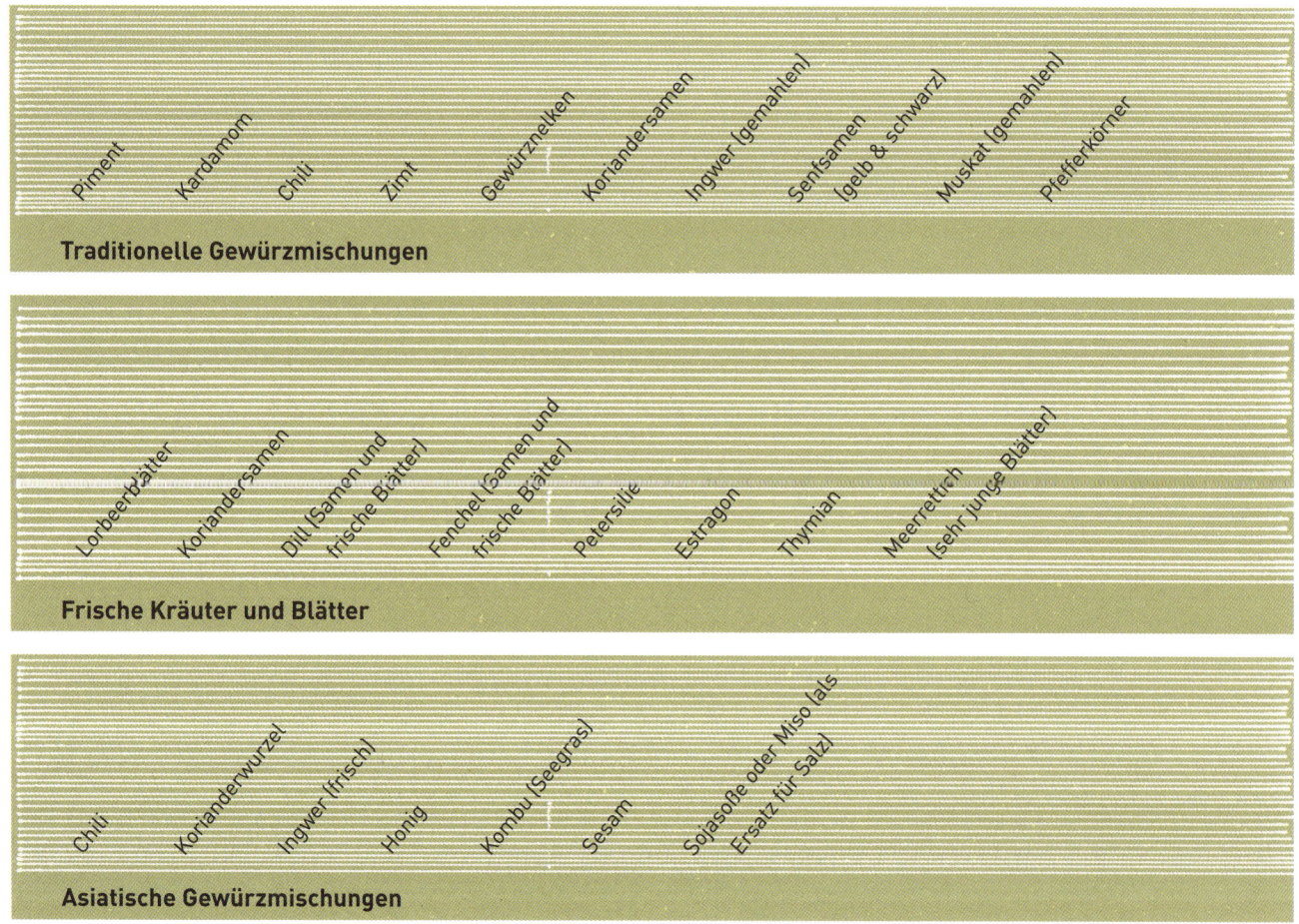

Traditionelle Gewürzmischungen

Piment · Kardamom · Chili · Zimt · Gewürznelken · Koriandersamen · Ingwer (gemahlen) · Senfsamen (gelb & schwarz) · Muskat (gemahlen) · Pfefferkörner

Frische Kräuter und Blätter

Lorbeerblätter · Koriandersamen · Dill (Samen und frische Blätter) · Fenchel (Samen und frische Blätter) · Petersilie · Estragon · Thymian · Meerrettich (sehr junge Blätter)

Asiatische Gewürzmischungen

Chili · Korianderwurzel · Ingwer (frisch) · Honig · Kombu (Seegras) · Sesam · Sojasoße oder Miso (als Ersatz für Salz)

SAUER EINGELEGTER FENCHEL

Auf die Idee zu diesem Rezept kam ich bei einem Geburts-
tagsessen in einem örtlichen Restaurant. Wir aßen eine saf-
tige Ente mit eingelegtem Fenchel und Grapefruitspalten.
Ich fand, dass der knackige Fenchel und die Grapefruit das
Fleisch erst richtig zur Geltung brachten. Da wir keine Grape-
fruit hatten, ersetzte ich sie durch Apfelsinen und fügte noch
ein paar Gewürze dazu. Wie bei allen eingelegten Gemüsen
kommt es im Wesentlichen auf das Verhältnis von Essig und
Salz an – alles Übrige bleibt Ihnen überlassen. Lassen Sie den
Koriander weg, geben Sie einen Schuss Zitronensaft dazu,
tauschen Sie schwarze gegen rosa Pfefferkörner aus. Es ist
ihr eingelegter Fenchel, nicht meiner – seien Sie kreativ.

200 ml Weißweinessig

4 EL Apfelsinensaft

4 EL Kristallzucker

1 ½ TL Salz

Eine Prise Pfefferkörner

Eine Prise Koriandersamen

Eine Prise Fenchelsamen

2 kleine Fenchelknollen, dünn geschnitten,
dazu zum Abrunden ein paar Fenchelblätter

Sterilisierte Gläser mit Deckel (siehe S. 138);
die Anzahl richtet sich nach der Größe
der Gläser

Bringen Sie den Essig mit Fruchtsaft, Zucker, Salz und
den Gewürzen in einem großen Topf kurz zum Kochen.
Inzwischen werden die Fenchelscheiben in die sterilisierten Gläser gefüllt. Gießen Sie die heiße Flüssigkeit darüber und schrauben Sie sofort die Deckel zu;
abkühlen lassen. Ich siehe die Flüssigkeit nicht ab, sondern mag das intensivere Aroma.

Stellen Sie die Gläser an einen kühlen Platz, nicht
ins direkte Sonnenlicht. Sobald die Gläser geöffnet sind,
muss der Fenchel innerhalb von zwei Wochen gegessen
werden.

Hinweis: Fenchelscheiben werden nach einigen
Wochen weich. Essen Sie ihn lieber bald auf. Wenn Sie
den Fenchel über Nacht in Salzlake (siehe S. 77) oder ein
Weinblatt einlegen (siehe rechts), bleibt er etwas länger
knackig.

Ein knackiger Trick

Fenchel bleibt länger knackig, wenn Sie ein junges, frisches
Weinblatt mit ins Glas geben. Wein enthält natürliche
Gerbstoffe, die das Gewebe knackig lassen und die Farben
erhalten. Ich habe gelesen, dass Johannisbeer-, Eichen-
und Kirschblätter denselben Zweck erfüllen, vermute
aber, dass sie den Geschmack stärker beeinflussen. Das
Blatt muss vorher gewaschen werden. Legen Sie kleine
Blätter auf den Boden des Glases; große lege ich auf die
Oberfläche.

JAPANISCH: BRAUNER SENF

In Japan werden diese Blätter traditionell als Snack mit Reis nach der Schule gegessen. Ich mag sie gerne mit gekochtem Reis, finde aber, sie könnten auch etwas süßer sein.

- 200 g Blätter (Senf, Rettich oder Asia-Salate)
- 45 ml dunkle Sojasoße
- 45 ml Weißwein- oder Reisessig
- 10–20 g Zucker (ich nehme 20 g braunen Zucker)
- 1–2 kleine, scharfe, frische Chilischoten; ganze Schoten sorgen für milde, gehackte für intensivere Schärfe
- Ein 5 cm großes Stück frischer Ingwer, fein gehackt oder gerieben
- Sterilisierte Gläser mit Deckel (siehe S. 138); die Anzahl richtet sich nach der Größe der Gläser

Waschen Sie die Blätter; über Nacht vollständig trocknen lassen. Das ist wichtig, weil Wasser den Essig verdünnen würde.

Schneiden Sie die Blätter in mundgerechte Stücke und füllen Sie damit die sterilisierten Gläser. Essig, Sojasoße, Zucker, Chilischoten und Ingwer in einem Glas vermischen und so lange rühren, bis sich der Zucker aufgelöst hat. Wenn das nicht klappt, in einem mittelgroßen Topf vorsichtig erhitzen und abkühlen lassen.

Gießen Sie die Flüssigkeit über die Blätter, bis sie vollständig bedeckt sind; Deckel schließen. Drücken Sie die Blätter z. B. mit einem Stein (sehr sauber waschen und 30 Minuten lang auskochen) unter die Flüssigkeit. Wenn die Blätter nach 48 Stunden vollgesogen sind – dann haben sie die Sojasoße aufgenommen – wird der Stein entfernt.

Im Kühlschrank aufbewahren. Ich versuche immer noch herauszubekommen, wie viel Essig man wirklich braucht.

BÄRLAUCH AUF KOREANISCHE ART

*Ich muss zugeben, dass ich noch kein authentisches Rezept
entdeckt habe (oder ich verstand die Übersetzung nicht), also
habe ich es so gut wie möglich versucht. Immerhin schmeckt
das Ergebnis himmlisch süß und salzig nach Knoblauch.*

Mischen Sie gleiche Teile von Reisessig, Zucker, Sojasoße und Wasser; erhitzen und etwas abkühlen lassen.
Waschen Sie gründlich einen großen Bund Bärlauch;
völlig trocknen lassen, damit das Wasser den Essig nicht
verdünnt.

Sobald die Einlegeflüssigkeit etwas abgekühlt ist,
werden drei Viertel davon warm über den Bärlauch
gegossen; drei Tage lang ziehen lassen. Ich lege einige
Tonscherben darauf, damit der Bärlauch nicht auftaucht.
Heben Sie das letzte Viertel der Flüssigkeit im Kühlschrank auf. Nach drei Tagen sollte der Bärlauch weich
sein und in Gläser passen. Gießen Sie die restliche Flüssigkeit darüber und heben Sie ihn in luftdicht schlie-
ßenden Gefäßen im Kühlschrank auf.

Der Bärlauch schmeckt köstlich zu Reis, Wok-
Gerichten, gehackt im Salat oder Tempura. Ein Sandwich mit geräuchertem Tofu ohne Bärlauch kann ich
mir nicht mehr vorstellen – ich würde ihn sogar auf Eis
essen.

TOPINAMBUR EINLEGEN

Ich lasse die in Scheiben geschnittenen Knollen vor der Verarbeitung 18 Stunden lang in Salzlake ziehen (bis zu 24 Stunden, falls es notwendig ist). Auf diese Weise bleiben sie unglaublich knusprig und länger haltbar. Wenn dazu die Zeit nicht ausreicht, muss Topinambur im Kühlschrank lagern, da sein hoher Wassergehalt das Einlegen in Essig beeinflusst. Dessen ungeachtet sind Topinambur erfreulich schnell zubereitet. Sie können die Scheiben statt Gurken auf Geflügel-Sandwiches legen oder mit Pâté oder Gulasch servieren.

> 700 g Topinambur, geschält und dünn geschnitten
> (nicht dicker als 5 mm)
> 300 ml Apfel- oder Weißweinessig
> 50 ml Wasser
> 1 EL ganze Koriandersamen
> 1 TL Pfefferkörner
> ¼ TL Kurkuma
> 1 TL Kreuzkümmelsamen
> ¼ TL gemahlener Ingwer
> (oder 4–5 dünne Scheiben Ingwerwurzel)
> 2 gehäufte EL brauner Zucker
> 2 Lorbeerblätter
> Sterile Gläser mit Deckel (siehe S. 138);
> die Anzahl richtet sich nach der Größe
> der Gläser

Lassen Sie die in Scheiben geschnittenen Topinambur 24 Stunden in Salzlake ziehen (siehe S. 77); abschmecken und zu salzige Scheiben in Wasser spülen. Vollständig trocknen lassen.

Bringen Sie alle Zutaten in einem großen Topf zum Kochen und rühren Sie, bis sich der Zucker aufgelöst hat. Füllen Sie die Topinamburscheiben in Gläser und gießen Sie die Einlegeflüssigkeit darüber, bis sie bedeckt sind. Vor dem Verzehr mindestens eine Woche an einem kühlen, dunklen Platz ziehen lassen.

SAUER EINGELEGT: CHILISCHOTEN

Obwohl dieses Rezept für alle Arten von Chilischoten gilt, schmecken mir die dünnwandigen Früchte am besten, wie Habañeros, Rocotos oder Padróns. Die superscharfen Sorten, wie Bird's Eye oder Dorset Naga, scheinen im Essig zu flüssigem Feuer zu zerfallen. Wenn Sie auf vulkanische Schärfe stehen, würde ich sie nicht hacken, sondern in gleich große Ringe schneiden. Schütten Sie den Essig anschließend nicht weg; er gibt eine gute Marinade für gebratenes Gemüse oder Grillfleisch ab.

> Ganze Chilischoten
> Weißweinessig
> Wasser
> Meersalz (kein Tafelsalz)
> Zucker
> Sterilisierte Gläser mit Deckel (siehe S. 138)

Wegen der unterschiedlich großen Chilischoten, vor allem, wenn Sie mehrere Sorten kultivieren, schlage ich folgenden Trick vor: Füllen Sie ein Glas mit Chilis, gießen Sie Wasser dazu (wenn Sie wollen, waschen Sie die Chilis) und füllen es dann in einen Messbecher um. Damit haben Sie die gesamte Menge an Einlegeflüssigkeit ermittelt. Schütten Sie einen Teil des Wassers weg und ersetzen Sie ihn durch Essig (also Endmischung aus 1:1 aus Wasser und Essig).

Geben Sie auf 250 ml Flüssigkeit 2 TL Meersalz und 2 TL Zucker (auch weniger, wenn Sie mögen). Mit allen Zutaten im Topf erhitzen und rühren, bis sich Zucker und Salz gelöst haben.

Diese Grundmischung können Sie nach Geschmack zusätzlich würzen. Ich finde, mindestens eine Knoblauchzehe und Lorbeerblatt müssen sein. Möglich wären auch Koriander- und Kreuzkümmelsamen, vielleicht frischer Majoran und Pfefferkörner. Gießen Sie die heiße Einlegeflüssigkeit über die Chilischoten im Glas; Deckel zuschrauben und versiegeln. Das Chiliaroma wird mit der Zeit intensiver; warten Sie mindestens eine Woche ab. Wenn die Gläser länger stehen bleiben sollen, müssen sie bei 82–85 °C für 30 Minuten ins Wasserbad.

ZUCCHINI IN SAURER EINLAGE

Die eingelegten Zucchini gehören in den Kühlschrank und müssen binnen eines Monats verzehrt werden. Das gleiche Rezept gilt auch für eingelegte Gurkenscheiben.

> 6 Zucchini
> Eine kleine Handvoll Rosinen
> Meersalz für die Salzlake
> 250 ml Apfelessig
> 250 ml Apfelsaft
> 3 TL Meersalz
> Etwa 200 g Zucker (oder 125 ml Apfelsaftkonzentrat),
>   nach Geschmack
> 1 Lorbeerblatt, zerdrückt
> 1 Gemüsezwiebel, dünne Scheiben
> Eine Prise schwarze Pfefferkörner
> 3 Knoblauchzehen, dünne Scheiben (optional)
> Ein Zweig Dill, auseinandergezupft
> Sterilisiertes Glas mit Deckel (500 ml,
>   siehe S. 138)

Waschen Sie die Zucchini; mit einer Gemüsemandoline oder dem Kartoffelschäler in sehr dünne Scheiben schneiden. Die Scheiben sollten durchscheinend dünn sein.

Legen Sie die Scheiben in eine Schüssel; die Rosinen drüberstreuen und mit einer Schicht Salz bedecken. Mit einem Teller abdecken (beschweren mit einer Schüssel Wasser) und mindestens 30 Minuten, möglichst aber über Nacht, ziehen lassen.

Spülen Sie am nächsten Morgen in einem Küchensieb das Salz von den Zucchinischeiben; vollständig trocknen lassen. Füllen Sie die Zucchini in das sterilisierte Glas. Bringen Sie Essig, Apfelsaft, Salz, Zucker, Lorbeerblatt, Zwiebelscheiben, Pfefferkörner, Knoblauch und Dill in einem großen Topf zum Kochen. Rühren, bis sich der Zucker gelöst hat, und etwas abkühlen lassen (kochende Einlegeflüssigkeit löst Zucchinischeiben zu Mus auf).

Gießen Sie die warme Flüssigkeit über die Zucchini im Glas; sie müssen vollständig bedeckt sein. Manchmal lege ich ein Weinblatt oben auf, damit die Zutaten nicht oben schwimmen (siehe S. 79).

MIXED PICKLE: KIRSCHTOMATEN ODER TOMATILLOS

Die beiden Früchte können auch als Mischung eingelegt werden, sollten dann aber etwa die gleiche Größe haben. Das Rezept funktioniert mit roten oder grünen Tomatensorten (keine unreifen grünen Tomaten einer roten oder gelben Sorte verwenden!); sie dürfen allerdings nicht überreif sein. Mir schmeckt eine Kirschtomate in der Bloody Mary.

> 450 g kleine Kirschtomaten
> 4 Estragonblätter
> 4 schwarze Pfefferkörner
> 4 Koriandersamen
> Eine ordentliche Prise Meersalz, nach Geschmack
> Weißweinessig
> Zucker, nach Geschmack (optional;
>   bei grünen Tomatensorten aber in der
>   Regel wünschenswert)
> Eine Nadel
> Ein Glas (500 ml, sterilisiert; siehe S. 138)

Waschen Sie die Tomaten vorsichtig, ohne sie zum Platzen zu bringen. Stechen Sie jede Tomate zwei- bis dreimal mit der Nadel an, damit sie Einlegeflüssigkeit aufnimmt; in ein sterilisiertes Glas füllen.

Estragonblätter vorsichtig waschen und auf Küchenpapier trocknen lassen; zu den Tomaten ins Glas legen. Geben Sie die Pfefferkörner, Koriandersamen und eine ordentliche Prise Salz und Zucker dazu. Gießen Sie Essig darüber, bis alle Tomaten bedeckt sind, und schrauben Sie den Deckel zu. An einem kühlen, dunklen Ort bis zu sechs Monate haltbar.

SAUERGEMÜSE IM BIERSUD

Zu den nächsten beiden Rezepten haben mich die kleinen Bierbrauereien in Seattle angeregt. Ohne den strengen Essiggeschmack schmeckt das Eingelegte bei diesen Rezepten zwar sehr fein, hält sich aber nicht ewig. In der Tat könnte man alle möglichen Gemüse in Bier einlegen, aber mir schmecken Blumenkohl, Busch-Bohnen, Möhren, Gurken, Rote Bete und Tomatillos am besten. Genießen Sie das Gemüse auf Sandwiches, mit Käse und Crackern, und trinken Sie ein Bier dazu – was sonst.

BLUMENKOHL IN BIER (VERSION 1)

In diesem Rezept habe ich stark gemälztes englisches Bier zusammen mit Malzessig verwendet, Sie können aber jedes andere Starkbier (keine bitteren Sorten) nehmen und den Malzessig durch Weißweinessig ersetzen; der Geschmack ist weniger rauchig. Ich lasse die Gemüse über Nacht im Sud, dann müssen sie nicht weich gekocht werden und bleiben sehr knackig.

1 Blumenkohl

400 ml Starkbier, z. B. Bockbier

400 ml Wasser

400 ml Malzessig

2 EL brauner Zucker

1 TL Senfsamen

1 Lorbeerblatt

1 TL schwarze Pfefferkörner

3 Knoblauchzehen, geschält und am Ende kreuzförmig eingeschnitten, damit die Einlegeflüssigkeit besser eindringt

1 scharfe, grüne Chilischote, in Scheiben geschnitten

1 ½ TL Meersalz

Sterilisiertes Glas mit Deckel (siehe S. 138)

Zerteilen Sie den Blumenkohl in Röschen; über Nacht in Salzlake einlegen (siehe S. 77); sollten die Röschen zu salzig schmecken, werden sie unter fließendem Wasser gespült.

Bringen Sie am anderen Morgen Bier und Wasser in einem großen Topf zum Kochen; fünf Minuten kochen lassen, damit etwas Alkohol verdampft. Die Blumenkohlröschen werden weicher, wenn sie zwei bis drei Minuten mitkochen (aber nicht weich kochen). Heben Sie die Röschen mit einem Schaumlöffel heraus.

Geben Sie Essig, Zucker, Salz und Gewürze dazu; rühren, bis sich der Zucker aufgelöst hat. Zum Kochen bringen und fünf Minuten kochen lassen; abschmecken und nachwürzen, falls erforderlich.

Füllen Sie die Blumenkohlröschen in ein sterilisiertes Glas und gießen Sie die heiße Flüssigkeit darüber, bis sie mindestens 1 cm hoch bedeckt sind. Deckel aufsetzen und abkühlen lassen. Der eingelegte Blumenkohl muss mindestens 24 Stunden durchziehen, damit sich das volle Aroma entfalten kann; im Kühlschrank bis zu sechs Wochen haltbar.

BLUMENKOHL IN BIER (VERSION 2)

Bei diesem Rezept übernimmt der frische Koriander eine dominante Rolle. Korianderwurzeln bekommt man nur selten im Laden, aber aus dem eigenen Garten liefert Koriander am Ende des Sommers Wurzeln und Samen. Als Ersatz können Sie zusammen mit den Fenchelsamen auch geröstete Koriandersamen zufügen.

1 Blumenkohl

Meersalz für die Salzlake

400 ml mittelstarkes Bier

400 ml Wasser

400 ml Weißweinessig

1 TL Honig (optional)

3 x 5 cm lange Korianderwurzeln

2 TL frische, grüne Koriandersamen

4 TL Senfsamen

4 TL Fenchelsamen

4 kleine, rote/grüne Chilischoten

2 TL frische Thymianblätter

3 Knoblauchzehen, geschält und am Ende
  kreuzförmig eingeschnitten, damit die
  Einlegeflüssigkeit besser eindringt

1 Lorbeerblatt

Sterilisiertes Glas mit Deckel (siehe S. 138)

Zerteilen Sie den Blumenkohl in Röschen; über Nacht in Salzlake einlegen (siehe S. 77). Sollte Ihnen dazu die Zeit fehlen, geben Sie zusätzlich 3 EL Salz in die Essiglösung.

Bringen Sie am anderen Morgen Bier und Wasser in einem großen Topf zum Kochen; fünf Minuten kochen lassen, damit etwas Alkohol verdampft. Die Blumenkohlröschen werden weicher, wenn sie zwei bis drei Minuten mitkochen (aber nicht weich kochen). Heben Sie die Röschen mit einem Schaumlöffel heraus. Geben Sie den Essig, Honig, Korianderwurzeln und Salz dazu. Zum Kochen bringen und fünf Minuten kochen lassen; abschmecken und nachwürzen, falls erforderlich.

Rösten Sie in einem schweren Topf Koriander-, Senf- und Fenchelsamen bei hoher Hitze, bis die Senfsamen platzen. Gießen Sie die heiße Einlegeflüssigkeit dazu; zum Kochen bringen und 10 Minuten sanft simmern lassen, damit die Aromen freigesetzt werden. Schmecken Sie mit Gewürzen und Honig oder Zucker ab, falls das Aroma zu streng ist.

Füllen Sie die Blumenkohlröschen in ein sterilisiertes Glas und gießen Sie die heiße Einlegeflüssigkeit darüber. Die Röschen müssen vollständig bedeckt sein. Fügen Sie Chili, Thymian, Knoblauch und Lorbeerblatt dazu. Ich decke alles mit einem Weinblatt ab (siehe S. 79), damit die Röschen nicht oben schwimmen und knackig bleiben. Deckel zuschrauben und abkühlen lassen. Der eingelegte Blumenkohl muss mindestens 24 Stunden durchziehen, damit sich das volle Aroma entfalten kann.

und alle möglichen kleinen Veränderungen ausprobiert. Wichtig ist allein die richtige Menge Essig und Zucker – alles Übrige bleibt Ihnen überlassen.

Chutney-Basics

Halten Sie sich an eine einfache Faustregel: Für 1 kg Obst/Gemüse brauchen Sie 5 g Salz, 100 g Zucker und 125–250 ml Essig. Schneiden Sie alle Zutaten in etwa gleich große Stücke, damit alles zur gleichen Zeit gar ist. Simmern Sie Gemüse und die anderen Zutaten, bis das Gemüse weich, aber noch in Form ist. Das war's!

Die Zubereitung eines Chutneys ist nicht kompliziert, braucht aber etwas Zeit. Ein mildes Chutney muss lange und sanft gekocht werden – etwa zwei Stunden – und dann noch mindestens vier Wochen im Glas ausreifen. Ein einfaches Chutney aus Tomaten kocht nur 30 Minuten, aber bei Topinambur sind es schon etwa drei Stunden; laden Sie sich zum Umrühren ein paar Freunde ein.

Kochen Sie nicht in Kupfergeschirr, sonst nimmt das Chutney einen unangenehm metallischen Beigeschmack an. Essig macht bestimmte Gemüse härter, insbesondere Zwiebeln und Knoblauch. Wenn Sie mehr Zwiebeln, Knoblauch und Äpfel brauchen, werden sie erst in einem anderen Topf weich gedünstet und dann ins Chutney eingerührt.

Der Zucker

Nehmen Sie braunen Zucker für ein dunkles Chutney und weißen oder hellbraunen Zucker für ein helles Chutney. Je länger der Zucker gekocht wird, desto dunkler wird das Chutney. Wenn Sie ein sehr helles Produkt möchten, kommt der Zucker erst ganz zum Schluss dazu, wenn die anderen Zutaten bereits weich sind.

Relish und Chutney unterscheiden sich eigentlich nur im Namen; vielleicht ist ein Relish etwas feiner. In vielen Chutney-Rezepten tauchen bei den Zutaten Tomaten, Zucchini oder Äpfel auf – sie machen das Chutney „mächtiger", vor allem, wenn die übrigen Gemüse zu wenig natürlichen Saft enthalten. Wenn man dem Chutney jedoch Äpfel zufügt, kommt am Ende eine braune, matschige Masse heraus. Lassen Sie die Äpfel weg, wenn die natürliche, grüne Farbe erhalten bleiben soll.

Wie beim eingelegten Gemüse sind auch die guten Chutney-Rezepte nicht in Stein gemeißelt, sondern lassen sich an viele Zutaten anpassen. Ich habe getrocknete Blaubeeren statt Johannisbeeren genommen, Wein statt Weinessig, mehr Chili, weniger Gewürznelken

ROTE BETE-RELISH

Dieses süße, karamellisierte Relish passt wunderbar zu geröstetem Ziegenkäse oder einer kalten Platte. Das Backen der Roten Bete intensiviert ihren erdigen Geschmack. Ich backe sie immer am Abend vorher und mache ein paar mehr, die wir zusammen mit Couscous und etwas Feta als warmen Salat essen. Am nächsten Morgen können Sie sofort loslegen und den ersten Schritt überspringen.

1 kg Rote Bete

100 ml Balsamessig

Eine Handvoll frische Majoran- und Thymianblätter

Meersalz nach Geschmack

Schale und Saft einer großen Apfelsine

2 große, rote Zwiebeln, fein gehackt

50 g hellbrauner Zucker

2 EL Olivenöl

4 Knoblauchzehen geschält und in Scheiben geschnitten

100 g Rohrzucker

400 ml Rotweinessig

Sterilisierte Gläser mit Deckel (siehe S. 138); die Anzahl richtet sich nach der Größe der Gläser

Heizen Sie den Backofen auf 160 °C vor; Rote Bete waschen, schälen und vierteln. Füllen Sie die Roten Bete zusammen mit Balsamessig, Majoran und Thymianblättern in eine Bratenform, salzen und die Apfelsinenschale darüberreiben (Saft aufheben). Vermischen Sie alles mit den Händen, bis die Rote Bete überzogen ist. Decken Sie Alufolie darüber und rösten Sie alles 40 Minuten lang, bis sich die Rote Bete mit der Messerspitze einstechen lässt; zum Abkühlen beiseitestellen.

Reiben Sie die Roten Bete am nächsten Morgen in eine Schüssel. Schaben Sie den Bratensatz ab; beiseitestellen.

Dünsten Sie in einem schweren Topf die in Scheiben geschnittenen roten Zwiebeln zusammen mit dem hellbraunen Zucker und Olivenöl bei sehr kleiner Hitze, bis der Zucker karamellisiert. Geben Sie Knoblauch, Rote Bete, Rohrzucker, Apfelsinensaft und Rotweinessig dazu. Bei kleiner Hitze 30 Minuten lang simmern lassen, bis die Flüssigkeit um zwei Drittel reduziert ist; ab und zu umrühren, damit die Masse nicht ansetzt. Wenn Sie einen Holzlöffel über den Topfboden ziehen und die Spur sich langsam wieder mit zähem Saft füllt, ist das Relish fertig. Sollten sich keine Säfte bilden, haben Sie das Relish zu lange gekocht. Gießen Sie noch etwas Essig (wenn Sie haben, auch Orangensaft) und etwas Zucker dazu und dicken alles nochmals vorsichtig etwas ein.

Gießen Sie das heiße Relish in die sterilisierten Gläser, legen Sie Wachsscheiben darauf und schrauben Sie den Deckel zu. An einem kühlen, dunklen Ort bis sechs Monate lang haltbar.

TOPINAMBUR-CHUTNEY

Wenn Sie Topinambur im Garten kultivieren, werden Sie garantiert zu viele Knollen bekommen. Haben Sie genug von Soufflés, Suppen oder Chips? Dann versuchen Sie es mit diesem Chutney. Es gehört zu den Speisen, auf die man sich wirklich freut. Es schmeckt würzig und hat wegen der Senfsamen eine ordentliche Schärfe. Wenn Sie es milder mögen, halbieren Sie die Senf- und Chilimenge. Früher habe ich den Apfel weggelassen und durch gehackten Kohl ersetzt, was auch lecker war. Das Chutney schmeckt gut unter gebackenen Eiern (Oeufs en Cocotte), überbacken mit geriebenem Käse.

1,1 kg Topinambur, geschält und in
    1 cm dicke Stücke geschnitten
225 g Äpfel, geschält und in 1 cm dicke Stücke
    geschnitten
6 Knoblauchzehen, in Scheiben geschnitten
1 Zwiebel, in Scheiben oder gehackt
5 kleine, rote Chilischoten, dünn geschnitten
25 g Meersalz
4 gehäufte EL Senfsamen
1 EL Kurkuma
1 EL Gewürzmischung (Koriander, Piment,
    Pfefferkörner, Gewürznelken, Ingwer,
    Senfsamen)
1 EL Selleriesamen
Wasser oder Apfelwein zum Auffüllen
600 ml Apfelessig
400–450 g weicher, brauner Zucker
Sterilisierte Gläser mit Deckel (siehe S. 138);
    die Anzahl richtet sich nach der Größe
    der Gläser

Wenn Sie die Topinamburstücke über Nacht in einer Salzlake (siehe S. 77) einlegen, bleiben sie länger knackig. Füllen Sie die gewaschenen Topinamburstücke zusammen mit den Apfelstücken, Knoblauch, Zwiebeln, Salz und Gewürzen in einen Topf; mit Wasser oder Apfelwein bedecken und bei kleiner Hitze köcheln, bis die Äpfel und Zwiebeln weich, der Topinambur aber noch knackig ist. Selbstverständlich können Sie alle Zutaten auch zu einem Mus einkochen.

Gießen Sie Essig und Zucker dazu; umrühren, bis sich der Zucker auflöst. Unter ständigem Rühren zum Kochen bringen und simmern lassen, bis die Masse dicker wird (kann bis drei Stunden dauern). Das Chutney ist fertig, wenn Sie einen Holzlöffel über den Topfboden ziehen und sich die offene Spur langsam wieder mit zähem Saft füllt.

Füllen Sie das Chutney in sterilisierte Gläser (siehe S. 138); mit Deckeln zuschrauben. Lassen Sie das Chutney mindesten vier Wochen an einem kühlen, dunklen Ort durchziehen, damit sich alle Aromen vermischen.

CHUTNEY AUS TOMATEN

Ich mache dieses Chutney aus roten Kirschtomaten, die ich so vorsichtig dünste, dass sie fast intakt bleiben. Wenn Sie ein grünes Chutney möchten, lassen Sie die Äpfel weg und fügen Sie entsprechend mehr Tomaten einer grünen Sorte dazu.

450 g Äpfel, geschält, Kerngehäuse entfernt
    und gehackt (behalten Sie Kerne und Schalen,
    um Pektin zu machen; siehe S. 130)
3 große, möglichst rote Zwiebeln
    (oder 450 g Schalotten)
1,3 kg Tomaten einer grünen Sorte (Kirschtomaten
    bleiben ganz, größere Sorten halbiert oder klein
    geschnitten)
200 g Rosinen (alternativ trockene, süße Beeren, wie
    Cranberries, Blaubeeren oder Holunderbeeren)
15 g fein gehackter Ingwer
8–10 kleine, rote Chilischoten, gehackt
    (Samen entfernen, wenn das Chutney
    milder werden soll)
6 Knoblauchzehen, geschält und in Scheiben
    geschnitten
2 TL schwarze Pfefferkörner
600 ml Weißweinessig
450 g hellbrauner Zucker
2 TL Meersalz
Sterilisierte Gläser mit Deckel (siehe S. 138);
    die Anzahl richtet sich nach der Größe
    der Gläser

Erhitzen Sie die Äpfel in einem großen, schweren Topf mit wenig Wasser (damit sie nicht ansetzen), bis sie weich werden. Geben Sie Zwiebeln, Tomaten, Rosinen, Ingwer, Chilischoten, Knoblauch und Pfefferkörner dazu; bei kleiner Hitze etwa 15 Minuten kochen, bis die Tomaten zu zerfallen beginnen.

Gießen Sie den Essig dazu; Zucker und Salz einrühren, bis sie sich lösen. Unter dauerndem Rühren zum Kochen bringen, bis das Chutney eine dicke Konsistenz annimmt. Das Chutney ist fertig, wenn Sie einen Holzlöffel über den Topfboden ziehen und sich die offene Spur langsam wieder mit zähem Saft füllt. Alles in heiße, sterilisierte Gläser gießen, mit Wachsscheiben bedecken und zuschrauben; beschriften und an einem kühlen, dunklen Ort aufbewahren; sechs Monate lang haltbar.

500 g brauner Zucker

600 ml Apfelessig

3–4 Knoblauchzehen, in Scheiben geschnitten

2 TL Meersalz

2 TL gemahlener Ingwer

2 TL Senfsamen

Eine Prise Cayennepfeffer

Für das Gewürzsäckchen

3 TL Gewürznelken (etwa 9 Stück)

1 TL Koriandersamen

1 TL schwarze Pfefferkörner

1 Zimtstange

Sterilisierte Gläser mit Deckel (siehe S. 138);
die Anzahl richtet sich nach der Größe
der Gläser

Kürbis, Eierkürbis oder Zucchini schälen und würfeln; verholzte Teile und Samen entfernen. In einer Schüssel mit Salz bestreuen, sodass die gesamte Oberfläche bedeckt ist. Mindestens vier Stunden, besser über Nacht, stehen lassen, um Flüssigkeit zu entziehen; abspülen und trocken tupfen. Die Behandlung mit Salz bewahrt die Konsistenz des Gewebes, das sonst zu Mus zerfallen würde.

Füllen Sie ein Stück Musselin mit den Gewürzen und binden Sie es mit einer Schnur als Säckchen zusammen. Bringen Sie alle anderen Zutaten in einem großen, schweren Topf zum Kochen; rühren, bis sich der Zucker gelöst hat. Etwa 40 Minuten schwach simmern lassen und gelegentlich umrühren, bis die Masse dick, aber nicht steif ist. Das Chutney ist fertig, wenn Sie einen Holzlöffel über den Topfboden ziehen und sich die offene Spur langsam wieder mit zähem Saft füllt.

Füllen Sie das heiße Chutney in warme, sterilisierte Gläser; mit Wachsscheiben bedecken und zuschrauben. Vor dem Verzehr mindestens zwei Wochen an einem kühlen, dunklen Ort ziehen lassen. Das Chutney hält sich sechs Monate lang.

PLOUGHMAN'S CHUTNEY

Mit diesem Rezept lassen sich überzählige Zucchini wunderbar verwerten. Das Chutney schmeckt gut auf Pute oder zu kräftigem englischen Cheddarkäse.

1 kg Eierkürbis, Zucchini oder Garten-Kürbis

Mehrere Handvoll Salz

500 g Äpfel (oder Tomaten einer grünen Sorte),
Kerngehäuse entfernt, geschält und gehackt

500 g Zwiebeln, grob gehackt

250 g Rosinen, Sultaninen, Johannisbeeren oder
getrocknete Holunderbeeren

Wohin mit den Chutneygläsern?

Wer dem reichen Gemüseangebot in die Falle gegangen ist, zu viele Chutneys eingemacht hat und sie weder an Freunde noch Gäste los wird, hat ein Problem. Lernen Sie aus Ihren Fehlern. Stellen Sie beim nächsten Mal statt Massen desselben Produktes lieber kleinere Mengen abwechslungsreicher Chutneys her. Wenn alle Stricke reißen und die Gläser nicht abnehmen wollen, hier ein paar Vorschläge.

Statt die überdrüssigen Chutneys Löffel für Löffel aufzubrauchen, schütten Sie einfach ein ganzes Glas in einen Eintopf oder eine Tagine; die würzige Süße ergibt einen außerordentlichen Fond. Geben Sie genügend Wasser dazu, um die Säure zu kompensieren, und kochen Sie lange bei kleiner Hitze.

Auch ein Rezept von Nigel Slater gehört zu meinen Favoriten: Löffeln Sie ein gut gewürztes Chutney in ein Auflaufförmchen und schlagen Sie ein Ei darüber; Käse darüberreiben, und als Oeufs en cocotte überbacken. Herr Slater nimmt den guten Taleggio, aber ich habe es mit allen möglichen Käsesorten ausprobiert, von altem Stilton bis Cheddar. Im Ofen bei 180 °C überbacken, bis die Oberfläche braun wird und Blasen wirft. Essen Sie ein knuspriges Brot dazu.

Was ist schief gelaufen?

Wie bei allen Rezepten ist auch das erfolgreiche Einlegen eine Frage von Versuch und Irrtum. Wenn es beim ersten Mal nicht klappt, hier ein paar Vorschläge fürs nächste Mal:

Zu hartes Gemüse: Stechen Sie die Stücke vor dem Einlegen an, damit die Einlegeflüssigkeit gleichmäßiger aufgenommen wird.

Wolkige Schlieren: Meist war das Einlegen in Salzlake nicht ausreichend, das Wasser zu hart oder Sie haben die Gewürze nicht aus der Flüssigkeit geseiht.

Essig trennt sich vom Chutney: Das Chutney wurde nicht lange genug gekocht und ist daher nicht richtig eingedickt.

Schrumpft oder trocknet aus: Schlecht versiegeltes Glas, oder zu lange gelagert. Rücken Sie die Chutneys von hinten nach vorne!

Über Metalldeckel

Wenn Sie Metalldeckel ohne säureresistente Beschichtung mehrfach verwenden möchten, müssen Sie das Chutney mit einer Wachsscheibe abdecken, sonst korrodiert das Metall in den Säuredämpfen (das passiert vor allem, wenn die Gläser lange stehen). Für sauer eingelegtes Gemüse ist es jedoch generell nicht ratsam Metalldeckel zu verwenden, denn die Säure wird das Metall definitiv korrodieren (mit und ohne Wachsscheibe).

Wann muss ein Chutney weggeworfen werden?

Wenn Ihnen die folgenden Merkmale auffallen, gehört der Inhalt des Glases auf den Kompost:
> Gasentwicklung (kleine Bläschen)
> Matschiges, schleimiges oder unappetitliches Aussehen
> Sauer eingelegtes Gemüse wird bleich
> Unangenehmer Geruch
> Schimmel (Ich habe zwar keine Ahnung, wieso Schimmel in Essig wächst, aber das werden Sie nicht essen wollen.)

FERMENTIEREN

Ich liebe den säuerlich, salzigen Geschmack von fermentierten (vergorenen) Produkten, manchmal esse ich das Sauerkraut direkt aus dem Glas aus dem Kühlschrank. Es geht problemlos herzustellen, weil man sich in der einfachsten Form auf die wilde Hefe verlässt, die in der Luft vorhanden ist. Andererseits ist der eigentliche Gärvorgang komplex und fesselnd zugleich. Ein fermentiertes Produkt regt die Geschmacksknospen an, die auf den merkwürdigen fünften Grundgeschmack *Umami* reagieren. Es geht aber nicht nur um den köstlichen Geschmack, sondern Vergorenes ist wichtig für unsere Gesundheit – es enthält gute Bakterien und Vitamine.

Gärung (Fermentation) ist eine der ältesten Methoden, Speisen haltbar zu machen. In seiner einfachsten Form wurden die Lebensmittel in eine Grube gelegt, manchmal gesalzen – ohne Brennstoffverbrauch oder Kochen – und abgewartet. Das Gären in einer Erdgrube klappt in jedem Klima (diese Form der Gärung findet sich vor allem im Südpazifik und in Äthiopien) und ist besonders nachhaltig. An einem kühlen Ort bleiben vergorene Gemüse mehrere Monate lang haltbar.

Manche Gärungen gehen sehr schnell und brauchen nur einen Tag (das japanische Tsukemono), Sauerkraut braucht dagegen bis zu einem Monat.

So geht's: Fermentierung

Bei der Gärung werden „gute" Bakterien wie *Lactobacillus plantarum* gefördert, die „schlechte" Bakterien und Keime unterdrücken. Die guten Bakterien brauchen anaerobe (sauerstofffreie) Bedingungen, um sich zu vermehren. Sie dringen in das Pflanzengewebe ein, vermehren sich und verdrängen die schädlichen Keime, indem sie eine Umgebung schaffen, in der diese nicht existieren können. Die guten Bakterien scheiden eine Reihe von Substanzen aus, die antimikrobiell wirken, beispielsweise Milchsäure, Kohlendioxid und Alkohol (hier kommt das Bier ins Spiel). Dabei bleiben Gemüse und Früchte intakt und reichern Vitamin C an. So enthält Sauerkraut viel mehr Vitamin C als frischer Weißkohl, denn es wird in der kohlendioxidreichen Umgebung der guten Bakterien nicht mehr oxidiert – ein Pluspunkt für uns. Außerdem enthalten viele fermentierte Produkte größere Mengen von B-Vitaminen, die für gesunde Haut und Haare verantwortlich sind und möglicherweise vor Pankreaskrebs schützen.

Vermutlich entstanden die guten Bakterien in der Umgebung toter, verrottender Pflanzenreste. Mir gefällt der Gedanke, dass zwei meiner Lieblingsprodukte – Kompost und eingelegte Gemüse – derselben Quelle entstammen.

Theoretisch findet eine Fermentation auch dann statt, wenn ausschließlich die Säfte der Pflanze zur Verfügung stehen; das gilt beispielsweise für Gundruk oder Sinki (eine fermentierte Rettichwurzel; siehe S. 109). Meistens werden die Pflanzensäfte aber mit Salz, Chilischoten, Kräutern oder Zucker extrahiert und der Kontakt mit Sauerstoff weitestgehend eingeschränkt.

Bei niedrigen Temperaturen und geringen Salzkonzentrationen sind unaussprechliche Bakterien wie *L. mesenteroides* für die Gärung verantwortlich, bei höheren Temperaturen übernehmen *L. plantarum*. Beim Sauerkraut beginnt der Gärungsprozess mit *Leuconstoc mesenteroides*, die höhere Salz- und Zuckerkonzentrationen ertragen. Sie setzen Kohlendioxid und andere Säuren frei, der pH-Wert sinkt und die Umgebung wird anaerob. Jetzt vermehren sich *Lactobacillus plantarum* und schließen den Vorgang ab. *Leuconstoc* riecht übel und einige Arten sind schädlich für den Menschen. Wenn die Gemüse schlecht riechen, enthält der Ansatz zu viele *Leuconstoc* und zu wenige *Lactobacillus*.

In manchen Rezepten wird Molke zugegeben, um den Gehalt an Milchsäure zu erhöhen. Damit läuft die Gärung schneller, aber dadurch verändert sich das Aroma auch etwas.

Salzlake ansetzen

Ein Liter hört sich viel an, aber die meisten Menschen haben keine Waagen, um kleinere Mengen als 5 g Salz abzuwiegen. Mit einem Liter lassen sich die Mengen gut bestimmen und wer gut rechnen kann, kann auch die Mengenverhältnisse für einen halben und einen viertel Liter bestimmen.

1-2%
S A L Z
GEEIGNET FÜR:
KOHL ODER **STECKRÜBEN**

MIKROBEN:
Milchsäure & Bakterien

NAME:

Sauerkraut

3-4%
S A L Z
GEEIGNET FÜR:
KOHL, RETTICH, STECKRÜBEN, CHILISCHOTEN

MIKROBEN:
Milchsäure & Bakterien

NAME:

Kimchi

5-8%
S A L Z
GEEIGNET FÜR:
GURKEN

MIKROBEN:
Milchsäure & Bakterien

NAME:

Sauer Eingelegtes („Pickles")

5-10%
S A L Z
GEEIGNET FÜR:
ZITRONEN ODER LIMETTEN

MIKROBEN:
Hefe

NAME:

Eingelegte Zitronen/Limetten

0%
VERSIEGELTES GLAS
GEEIGNET FÜR:
BLATTGEMÜSE,
WIE BRAUNER SENF, MANGOLD, USW.

MIKROBEN:
Milchsäure

NAME:

Gundruk

Verändert nach:
Harold McGee
On Food and Cooking
und G. Campbell-Platt
*Fermented Foods of the World:
A Dictionary and Guide*

Fermentierung: Soforthilfe bei Problemen

Der häufigste Grund für Probleme sind Gemüsestücke, die auf der Oberfläche der Lake schwimmen, weil sie nicht beschwert wurden oder die Lake nicht ausreicht. Auf jeden Fall kommen sie so mit Sauerstoff in Berührung. Gewöhnlich reicht es aus, das Gemüse in die Lake zu drücken. Sollte die Salzlösung nicht reichen, gießen Sie frisch angesetzte Lösung dazu. Die Rezepte unterscheiden sich etwas und auch die Ansätze auf S. 97 sind eher als Leitlinie denn als Fixpunkte zu verstehen. Dennoch sollten Sie sich an das Mischungsverhältnis halten, wenn Sie zusätzliche Lake einfüllen müssen.

Wenn die oberste Schicht des Sauerkrauts austrocknet und mit Sauerstoff in Berührung kommt, vermehren sich die unerwünschten Bakterien, Hefen oder Schimmelpilze und dringen in die Salzlake ein. Damit sinkt der pH-Wert und die schädlichen Mikroorganismen vermehren sich. Das Gemüse wird weich und beginnt, unangenehm zu riechen. Sofern dieses Problem am ersten oder zweiten Tag auftritt, lässt es sich beheben: Drücken Sie den Weißkohl zusammen, bis er vollständig untertaucht, oder gießen Sie etwas Lake dazu. Tritt dieses Problem jedoch ab dem fünften Tag auf (vor

allem, wenn die Gärung in einem warmen Zimmer stattfindet), gehört der Inhalt der Gläser auf den Kompost – der Genuss könnte gefährlich werden.

Gemüse nach unten drücken

Die meisten Gemüse werden mit Gewichten beschwert und unter die Oberfläche gedrückt. Sauerkraut wird beispielsweise mit zwei halbmondförmigen Gewichten zusammengepresst, die nach jedem Durchgang sterilisiert werden (in den Poren sammeln sich alle möglichen Schimmelpilzsporen).

Auch glatte, runde Steine geben gute Gewichte ab, wenn sie vorher gründlich gesäubert und sterilisiert werden. Ich schrubbe sie mit einem Spülmittel ab, dann koche ich sie 30 Minuten lang aus und spüle sie zusätzlich in der Spülmaschine – damit hatte ich nie Probleme. Wenn Ihnen das immer noch zu unsicher ist, legen Sie die Steine in einen verschließbaren Gefrierbeutel.

Mit Wasser gefüllte Gefrierbeutel sind besonders praktisch, weil sie sich der Form des Gefäßes anpassen. Auch ein Teller – mit einem Glas oder Flasche beschwert – drückt das Gemüse nach unten, allerdings ist es manchmal schwierig, einen genau passenden Teller zu finden. Versuchen Sie es mit runden Plastikdeckeln von Salaten oder Eisbechern. Das Plastik muss lebensmittelecht sein, vor Gebrauch sterilisiert oder zumindest in der Spülmaschine gespült werden. Die biegsamen Deckel lassen sich auch in engere Gläser drücken und mit Steinen oder einem Glas mit Wasser beschweren.

SAUERKRAUT

Alle Sauerkrautrezepte brauchen Salz und Weißkohlsaft, damit die Milchsäuregärung beginnen kann. Ich mag das Kraut ungern zu salzig; Sie können aber mehr Salz zugeben. In der Wärme ist mehr Salz erforderlich als bei kühlerem Wetter. Manchmal wird empfohlen, eine Salzschicht oben aufzustreuen, aber das halte ich für unnötig, weil damit die oberste Schicht zu stark versalzen wird. Das folgende Rezept hat sich bewährt und lässt mich nie im Stich. Die Lagerung über Nacht ist vielleicht ungewöhnlich, aber da es regelmäßig funktioniert, verändere ich nichts.

Weißkohl. Nehmen Sie eine feste Sorte
   wie 'Kilaton' oder 'Filderkraut' (Spitzkohl
   und andere lockere Köpfe fermentieren
   nicht so gut).
Meersalz (niemals Tafelsalz)
Messer oder Gemüsemandoline
Große Schüssel oder Kübel, für das Einsalzen
   über Nacht
Stößel, Teigrolle oder Kartoffelstampfer
Sterilisierter Topf, Steinzeugtopf oder lebens-
   mittelechter Plastikbehälter
Geschirrtuch
Gewichte (siehe S. 102)

Schneiden Sie den Kohl mit dem Messer oder der Mandoline in dünne Streifen. Der holzige Kern wird nicht verwendet. Versuchen Sie 1 mm dicke Streifen hinzukriegen. Meine sind dicker, aber ich arbeite noch daran. Füllen Sie den Kohl in eine große, flache Plastikschüssel mit möglichst großer Öffnung und zerdrücken Sie das Kraut mit dem Stößel oder der Teigrolle (zur Not tut's auch eine Flasche). Wenn der Kohl wässrig aussieht, tritt die erwünschte Flüssigkeit aus. Je größer die Stücke und je älter der Kohl, desto kräftiger und länger muss er zerdrückt werden. Wenn dieses Stadium erreicht ist, streuen Sie einen gestrichenen Teelöffel Salz darüber und decken Sie die Schüssel mit einem feuchten Geschirrtuch ab; über Nacht bei Zimmertemperatur stehen lassen. In der Nacht wird dem Kohl noch mehr

Saft entzogen und Bakterien und Hefen aus der Luft (die Hefe sorgt für das feine Aroma) lassen sich darauf nieder – so wurde mir gesagt. Vielleicht ist auch etwas Magie im Spiel.

Am nächsten Morgen wird das Kraut in den Gärbehälter eingefüllt (Topf, Steinzeugtopf), muss aber nicht mehr gespült werden. Es ist wichtig, das Kraut kräftig zusammenzudrücken; jede Lage auf mindestens die Hälfte. Alle 10 cm streuen Sie wieder einen Teelöffel Meersalz darüber. Ich presse es mit dem Stößel oder Kartoffelstampfer zusammen. Nach mehreren Lagen sollte Flüssigkeit zu sehen sein. Irgendwann ist der gesamte Kohl mit Flüssigkeit bedeckt und es steigen keine Luftblasen mehr auf.

Ein perfekter Gärtopf

Als Gärtopf benutze ich eine Do-it-yourself-Version. Dazu nehme ich ein Weck-Glas (1 l) mit Plastikdeckel, einen Plastikstopfen mit einem Gärrohr (beides wird für die Weingärung gebraucht) und einen Bohrer.
Bohren Sie ein passendes Loch für den Gummistopfen in den Plastikdeckel und setzen Sie das Gärrohr mit dem Stopfen ein. Verschließen Sie das Weckglas mit dem Plastikdeckel (mit Stopfen und Gärrohr) – fertig ist das perfekte Gärglas. Stattdessen können Sie auch ein Einmachglas mit Metallschraubdeckel nehmen; das Bohren ist schwieriger und das Metall kann korrodieren. Hinweis: Heben Sie den Glasdeckel, Gummiring und die Klammern auf, denn damit müssen Sie das Glas nach der Gärung verschließen.
Ich habe mir ein paar Klebethermometer zugelegt, um die Gärungstemperatur zu kontrollieren. Diese Thermometer sind nicht für die Geschirrspülmaschine geeignet und halten nicht ewig, aber damit kann man gut ausprobieren, welcher Platz in der Küche am besten für die Gärung geeignet ist.

Für einen kleinen Kohlkopf nehme ich nur drei gestrichene Teelöffel (nicht gehäuft) Salz für die Schichten. Die Faustregel geht von 6 EL Salz für 4,5 kg geschnittenen Kohl aus. Damit setzen die Bakterien den Zucker im Kohl in Milchsäure um. Wenn der Kohl mit Lake bedeckt ist, wird er beschwert, sodass er vollständig untertaucht. Dieser Punkt ist von besonderer Bedeutung, denn Kohl verrottet, wenn er mit Sauerstoff in Berührung kommt. Es gibt viele kreative Möglichkeiten; ich lege ein großes Kohlblatt obenauf und beschwere es mit sterilisierten Steinen. Zur Sicherheit, und um Fliegen abzuhalten, decke ich alles noch mit einem Geschirrtuch oder einer Decke zu. Stellen Sie den Topf auf einen Untersetzer.

Jetzt muss Ihr Sauerkraut etwa drei bis sechs Wochen an einem warmen (18–22 °C) Ort stehen; es kommt vor allem auf den Geschmack an – Sie entscheiden, wann Sie zufrieden sind. Steht der Topf an einer kühleren Stelle, dauert die Gärung etwas länger.

Von nun an kommt die Magie ins Spiel: Der Topf beginnt zu blubbern, möglicherweise auch kräftig, dann kommt Schaum – manchmal muss man auch mit weißem Schimmel rechnen (vor allem bei Töpfen ohne Deckel). Schöpfen Sie den Schimmel ab, denn er könnte die Säure verdünnen, die notwendig für die Gärung ist. Sehr kleine Schimmelmengen, die sich nicht abschöpfen lassen, werden untergerührt; die Säure tötet die Schimmelpilze ab. Wenn der Topf zu warm und die Lake schleimig wird, werden Sie den Schimmel nicht mehr los. Dieses Kraut ist leider verloren und gehört auf den Kompost.

Die Gärung schreitet fort, solange noch Blasen aufsteigen. Wenn die Blasenbildung aufhört, hat der Weißkohl große Mengen Flüssigkeit aufgenommen (meist nach etwa drei Wochen) und die Fermentation war erfolgreich. Verschließen Sie das Glas mit einem festen Deckel; lagern bei 3 °C (Kühlschrank). Für eine lange Lagerung muss es im Wasserbad sterilisiert werden (siehe S. 157); aber damit werden die Inhaltsstoffe vernichtet. Ich tendiere zu kleinen Mengen für den baldigen Verzehr und mache häufiger neues Sauerkraut.

Variation

SAUERKRAUT MIT ANDEREM AROMA

Sauerkraut kann beliebig mit Gewürzen verändert werden; hier meine Favoriten: ganze Knoblauchzehen, Pfefferkörner (rosa Pfeffer sieht im weißen Kohl gut aus), Dill, Kümmelsamen (vorsichtig dosieren; Kümmel schmeckt stark durch – nicht mehr als 1 TL auf das 1-Liter-Glas), Zwiebelscheiben, Gewürze zum Einlegen (Senfsamen, Koriander), ein oder zwei Lorbeerblätter, Kochäpfel. Natürlich können Sie auch Rotkohl fermentieren ('Rodeo' ist gut geeignet).

Gewichte zum Beschweren

Ich kann nicht oft genug betonen, dass Sauerkraut auf keinen Fall mit dem Sauerstoff der Luft in Berührung kommen darf. Denken Sie daran: In der Luft verfault das Kraut.

Ich habe aus dem Garten große Steine als Gewichte ausgegraben, sie mit Natriumbikarbonat abgeschrubbt, 30 Minuten gekocht und dann noch bei der höchsten Temperatur in der Geschirrspülmaschine gewaschen. Erst, wenn ich sicher bin, dass sie nicht mehr schmutzig sind, benutze ich sie als Gewichte. Sie kosten nichts und ich habe mit sauberen Steinen niemals Probleme gehabt. Eine Alternative sind Gewichte, die beim Blindbacken von Tortenböden verwendet werden (stecken Sie die Gewichte in einen Gefrierbeutel und legen Sie sie auf das Kraut).

Sauerkraut 1x1

Schreiben Sie alles auf. Wann haben Sie angefangen, bei welchen Temperaturen, was hat sich verändert? Ich benutze zum Messen der Temperatur Klebethermometer (für Aquarien). Sie sind allerdings nicht spülmaschinenfest und halten nicht lange. Damit können Sie aber den besten Platz in der Küche für die Gärung finden.

Drücken Sie das Kraut sofort wieder nach unten, wenn Sie eine Probe entnommen haben; es muss ständig im eigenen Saft schwimmen.

Mischen Sie kein frisches Kraut in einen gärenden Ansatz; es klappt nicht.

Essen Sie auf keinen Fall Sauerkraut, das merkwürdig riecht oder schmeckt; es gehört auf den Kompost.

Waschen Sie sich jedes Mal die Hände, wenn Sie mit dem Kohl umgehen, und halten Sie alle Geräte (Gläser, Stößel, Teller) peinlich sauber.

BIGOS

Bigos ist eines meiner liebsten Sauerkrautgerichte. Es schmeckt am zweiten oder dritten Tag noch besser; kochen Sie zu viel und freuen Sie sich über die Reste. In meiner Form ist das Rezept zwar sicher nicht mehr authentisch, aber noch nahe genug am Original, um den Namen zu verdienen.

1 EL Olivenöl

1 Zwiebel, in Scheiben geschnitten

1 Cabanossi, in 2 cm dicke Scheiben geschnitten

Ein paar Kartoffeln, geschält und gewürfelt
   (optional, sie machen das Gericht sättigender)

1 kleiner Weißkohl (oder die gleiche Menge
   Grünkohl)

300 ml Wasser oder Gemüsefond (oder Gemüse-
   wasser/Einweichwasser für Trockenpilze, durchgeseiht, um die Schmutzteilchen auszusieben)

1 gestrichener TL Rosenpaprika

2–3 Glas Rotwein

Eine Handvoll Trockenpilze, eingeweicht

6 Scheiben rohen Speck, in Stücke geschnitten

1 Chorizo (oder eine andere gewürzte Wurst),
   in 1 cm dicke Scheiben geschnitten

250 g Sauerkraut

Salz und frisch gemahlener, schwarzer Pfeffer

Eine Handvoll fein gehackte Petersilie

Erhitzen Sie das Öl in einer großen Kasserolle und dünsten Sie darin Zwiebeln, Knoblauch und Cabanossi, bis sie weich und goldbraun sind. Geben Sie Kartoffeln, Weißkohl, Wasser, Paprika, Rotwein und Pilze dazu; unter Rühren zum Kochen bringen und den Deckel aufsetzen. 45 Minuten lang bei mittlerer Hitze simmern lassen, bis alles zu einem guten Eintopf eingekocht ist.

Braten Sie in einer zweiten Pfanne den Speck und die Chorizo (oder gewürzte Wurst) an; Fett abschöpfen; zusammen mit dem Sauerkraut in den Eintopf rühren. Schmecken Sie mit Salz und Pfeffer ab und geben Sie eine gute Handvoll gehackter Petersilie dazu. Lassen Sie den Topf mehrere Stunden lang stehen, aufwärmen und essen; dann noch einen Tag stehen lassen und sich an dem intensiveren Aroma erfreuen. Dazu schmecken frisches Sauerteigbrot und Rotwein.

EINGELEGTE ZITRONEN

Ich kann mir nicht vorstellen, dass in unseren Breiten jemand aus dem eigenen Garten genügend Zitronen erntet, um sie einzulegen. Da bei dieser salzig/sauren Mischung praktisch nichts schief gehen kann, ist sie ideal für den Einstieg ins Fermentieren. Das Rezept wurde nach Casa Moro von Sam & Sam Clark verändert.

> 4 gewaschene Zitronen (gewachste Zitronen
>   müssen kräftig geschrubbt werden)
> 3 EL Meersalz
> 1 Zimtstange
> 1 Lorbeerblatt
> Frische oder getrocknete Chilischoten,
>   nach Geschmack
> Sterilisiertes Glas mit Deckel (siehe S. 138)

Schneiden Sie die Zitronen längs in Viertel, die aber an einem Ende noch zusammenbleiben; Salz darüber streuen. Drücken Sie die Zitronen in ein Glas, und wenn der Saft austritt, geben Sie die Gewürze dazu; beschweren, bis die Zitronen völlig vom eigenen Saft bedeckt sind. Manche Leute geben extra Zitronensaft hinzu, denn freiliegende Zitronen gären nicht.

Schütteln Sie das Glas alle zwei Tage, damit sich Salz und Saft vermischen. Nach etwa einer Woche (je nach der Temperatur) wird die Flüssigkeit trüb – das ist völlig normal. Nach etwa einem Monat sind die Zitronen fermentiert; bis dahin ist die Flüssigkeit stark eingedickt. Nach dem Ende der Gärung können praktisch keine schädlichen Bakterien mehr eindringen, solange Sie die Zitronen ausschließlich mit einer sauberen Pinzette (oder sehr sauberen Fingern) herausholen. Wenn sie zu trocken aussehen, werden sie wieder in die Flüssigkeit gequetscht.

AROMATISIEREN Eingelegte Zitronen können vielfältig aromatisiert werden. Ich bevorzuge geröstete Samen, wie Fenchel, Kreuzkümmel und Koriander zu gleichen Teilen (etwa ¼ TL auf vier Zitronen), vielfach werden auch Pfefferkörner genommen.

Variation
EINGELEGTE LIMETTEN Sie werden auf die gleiche Weise wie die Zitronen eingelegt, allerdings mit mehr Salz, da sie weniger Säure als Zitronen enthalten; etwa 1 EL Salz pro Limette.

TROCKEN EINGESALZTE GREMOLATA

Das Rezept wurde traditionell für eingelegten Löwenzahn entwickelt. Ich habe diese Gremolata zu einer Kräuterpaste abgewandelt, um ganz unterschiedliche Gerichte zu würzen: Schweinefleisch, Fisch, Suppen und Pastasoßen (siehe S. 191) und als Füllung für ein gebratenes Hähnchen. Da sie extrem salzig ist, dürfen die Gerichte nicht mehr gesalzen werden. Für eine weniger stark gesalzene Version nehmen Sie frische Zitronenschalen statt eingelegter Zitronen (dann hält die Mischung aber nicht so lange). Auch dieses Rezept folgt der eins-plus-vier-Regel: ein Teil Salz auf vier Teile Grün.

> 1 eingelegte Zitrone (siehe S. 105)
> 2 Knoblauchzehen
> 300 g Glatte Petersilie, gewaschen und getrocknet
> 4 EL grobes Meersalz (ein Löffel zusätzlich,
>   wenn Sie keine eingelegten Zitronen nehmen)

Waschen Sie das Salz von der eingelegten Zitrone ab; Schale, weiße Haut und Kerne entfernen, Fruchtfleisch klein hacken. Hacken Sie den Knoblauch klein und verrühren Sie alle Zutaten in einem Krug/Glas. Mit einem Geschirrtuch abdecken und zwei bis drei Tage an einem warmen Ort (z. B. Küche) stehen lassen; gelegentlich umrühren. Dann kommt alles in ein steriles Gefäß. Kühl (ideal sind 5–10 °C) hält sich die Gremolata mehrere Monate lang.

SUPPENKRÄUTER

Auch Suppenkräuter – traditionell Löwenzahn, Petersilie, Kerbel, Rosmarin, Thymian und Bohnenkraut – lassen sich nach der eins-plus-vier-Regel konservieren. Sie können diese trocken eingesalzten Kräuter wie Suppenwürfel in Pastasoßen, Suppen, Eintöpfen oder Vinaigrette verwenden.

> Petersilie (Stängel und Blätter) oder Suppenkräuter
>   Ihrer Wahl; nur zähe und holzige Stücke werden
>   aussortiert
> Meersalz

Blätter und Stängel der Petersilie grob hacken und abwiegen. Messen Sie das Salz entsprechend ab: ein Teil Salz auf vier Teile Grün (also 25 g Salz für 100 g Kräuter).

Verrühren Sie Petersilie und Salz in einer Schüssel oder einem Glas. Mit einem Geschirrtuch abdecken und zwei bis drei Tage an einem warmen Ort (z. B. Küche) stehen lassen; gelegentlich umrühren. Dann kommt alles in ein steriles Gefäß. An einem kühlen Ort (ideal sind 5–10 °C) halten sich die Kräuter mehrere Monate lang.

Variation

GESALZENE KRÄUTERMISCHUNG

Ich mache häufig eine Version mit gemischten, frischen Kräutern als gute Basis zum Würzen von Fonds und anderem. Auch Lauch ist möglich. Nicht vergessen: Die Kräuter sind sehr salzig, also beim Kochen sparsam würzen.

SALAMOIA BOLOGNESE

Diese traditionelle Würzmischung aus Bologna ist in vielen Versionen überliefert – mit Basilikum, Zitronenschalen oder schwarzem Pfeffer – aber das Grundrezept ist immer gleich. Es kommt nur darauf an, jede Menge Salz zu benutzen, damit die Zutaten konserviert werden. Kräuter und Knoblauch müssen unbedingt frisch sein, getrocknete Kräuter entwickeln nicht das nötige Aroma. Meine Version des Rezeptes habe ich von Paolo Arrigo bekommen; ich mache es aber auch mit Rosmarin und Salbei zu gleichen Teilen.

Für mich gehört Salamoia Bolognese in jeden Vorratsschrank; sie passt zu Soßen, Eiern, Fisch, Kartoffeln oder gebratenem Gemüse. Probieren Sie es aus: Nehmen Sie statt Salz diese Kräutermischung – zu jedem beliebigen Gericht.

10 g Rosmarinblätter

5 g Salbeiblätter

1 große Knoblauchzehe (wenn Sie mögen, auch mehr)

100 g grobes Meersalz

Hacken Sie die Kräuter sehr fein; am besten klappt es in kleinen Portionen. Geben Sie die Knoblauchzehe dazu und hacken Sie weiter, bis zur Konsistenz einer Knoblauch-Kräuter-Paste. Schaben Sie die Mischung in eine Schüssel und rühren Sie das Salz ein. In einem luftdichten Gefäß hält sich das Kräutersalz an einem dunklen, kühlen Ort mindestens vier Monate lang.

GUNDRUK

Sobald Sie dem Club bekennender Fermentierungs-Fans beigetreten sind, wird es Zeit für die Bücher *Wild Fermentation* und *The Art of Fermentation*. Beide stellen eine Vielzahl von wunderbaren und ungewöhnlichen Aromen vor.

Gundruk – traditionelle vergorene, grüne Gemüse aus Nepal – hat ein absolut abgefahrenes Aroma. Es ist bestechend wie gutes Sauerkraut aber supersauer. Ich kann nicht genug von dem rohen Gemüse bekommen, aber dazu muss man wohl ein echter Fan sein. Die Herstellung von Gundruk habe ich an unsere Sommer hier angepasst.

GUNDRUK AUS MANGOLD ODER GRÜNKOHL

Hier finden Sie Rezepte für frischen und getrockneten Gundruk. Ich esse frischen Gundruk als Gewürz zu Reis, Fisch und Hähnchen, die trockene Version benutze ich wie Suppenwürfel für Fonds und Suppen. Sie können die getrocknete Version auch in Wasser quellen lassen und zusammen mit Kartoffeln leicht anbraten, wie Saag Aloo (indisches Kartoffelcurry).

Eine Tragetasche mit Gemüse (Blätter und Stiele)
Ein 250 ml großes, sterilisiertes Glas mit Deckel; Marmeladengläser sind perfekt
Sonne oder Temperaturen von 18–21 °C

Waschen Sie das Gemüse und lassen Sie es auf einem Backblech offen draußen in der Sonne (oder in der Küche) trocknen, bis es welkt. Nicht abdecken, die natürlichen Hefen der Luft müssen freien Zugang haben.

Wenn die Blätter schlaff geworden sind, rollen Sie mehrfach mit einer Teigrolle darüber, bis Flüssigkeit austritt. Jetzt kommt das Gemüse in ein Glas; wie beim Sauerkraut mit dem Ende der Teigrolle die Blätter ins Glas drücken. Es kommt darauf an, das gesamte Gemüse ins Glas zu pressen. Üben Sie Druck aus, aber nicht so viel, dass die Blätter zermatschen.

Wie beim Sauerkraut treten auf geheimnisvolle Weise plötzlich Säfte aus, bis das gesamte Gemüse im Saft schwimmt.

Wenn das Glas richtig voll ist, wird es mit dem Deckel verschlossen. Stellen Sie es für zwei bis drei Wochen an einen warmen Ort, beispielsweise auf eine Fensterbank in der Sonne. Ich stelle das Glas manchmal auf den warmen Dörrapparat oder über den Herd. Da sich üppige Blasen bilden, sollte das Glas auf einem Untersatz stehen, um die Saftspritzer aufzufangen. Wie beim Sauerkraut hört das Blubbern nach einer Weile auf und die Blätter saugen sich mit der Flüssigkeit voll – das Gundruk ist fertig und erinnert jetzt an Algen.

Es gibt zwei Möglichkeiten: Sie können Blätter nach Bedarf entnehmen, fein hacken und zu Reis-, Fisch- oder Hähnchengerichten mischen. Traditioneller wäre die langfristige Lagerung. Trocknen Sie den Gundruk bei 60 °C im Backofen oder im Dörrapparat (wenn das Wetter es erlaubt, auch auf der Wäscheleine in der Sonne). Nach vier bis sechs Stunden sind die Blätter völlig trocken; mit Restfeuchte würden sie verschimmeln. Dagegen sind die weißen Ausblühungen nur die Rückstände der natürlichen Hefe.

In vielen Rezepten findet sich Weißweinessig, aber ich ziehe das mildere Aroma von Zitronensaft vor. (Wenn Ihnen der Essig lieber ist, ersetzen Sie den Zitronensaft durch 125 ml Weißweinessig und geben nur 500 ml Wasser dazu.)

- 45 g Meersalz
- 750 ml Wasser
- 3–4 mittelgroße Kohlrüben (nicht größer als Tennisbälle)
- 3–4 Knoblauchzehen
- 1–2 kleine Rote Bete und ein paar Sellerieblätter (optional)
- Saft einer Zitrone
- Sterilisiertes Glas zum Einlegen; möglichst ein spezieller Gärtopf (siehe S. 99)

Lösen Sie das Salz im Wasser auf. Rüben gründlich waschen, schrubben und in 1–2 cm dicke Scheiben schneiden; am schönsten wird das Torshi, wenn alle Scheiben gleich aussehen, wie kleine Halbmonde. Schälen Sie die Knoblauchzehen; zerdrücken oder ganz lassen, wenn Sie schwächeres Knoblaucharoma wünschen. Rote Bete schälen und vierteln; je stärker sie zerteilt werden, desto intensiver wird die rote Farbe der Kohlrüben – von Rosa bis Dunkelrot.

Füllen Sie Rüben, Rote Bete und Sellerieblätter abwechselnd schichtweise ein. Wenn die Roten Bete oben liegen, nehmen die Rüben eine rosa Färbung an.

Gießen Sie den Zitronensaft in die Salzlake; über Rüben und Rote Bete gießen. Damit das Gemüse vollständig untergetaucht bleibt und nicht auftreibt, wird es mit Steinen oder etwas Ähnlichem beschwert (siehe S. 102).

Verschließen Sie das Glas; es bleibt bei 18–22 °C höchstens zwei Wochen stehen. Schütteln Sie das Glas ab und zu, damit sich die Farbe verteilt. Nach zwei Wochen kommt das Glas in den Kühlschrank, wo es bis zu sechs Wochen frisch bleibt. Es kann zwar länger aufbewahrt werden, das Gemüse wird dann aber weich.

TORSHI – EINGELEGTE KOHLRÜBEN

Torshi sind eingelegte Gemüse, die im Nahen Osten und osteuropäischen Ländern mit Mezze oder am Ende eines Essens gereicht werden. Ich mag sie am liebsten mit Falafel auf einem Sandwich. Beim Einlegen nehmen die Rüben eine tiefrosa Färbung an – sehr spektakulär. Prinzipiell werden Torshi durch kurze Fermentation (nur zwei Wochen) und Zugabe einer Säure hergestellt (in einigen Versionen wird die Säure weggelassen).

Kimchi einzulegen, ist eine über 2000 Jahre alte Methode. Vermutlich haben die Chinesen 12 v.Chr. zum ersten Mal grüne Gemüse mit Salz eingelegt. Etwa 37 n.Chr. taucht Kimchi in Korea auf, doch erst seit dem 16. Jahrhundert wurde der eingelegte Kohl mit roten Chilischoten beliebter. Inzwischen gibt es über 200 Kimchi-Rezepte und kein koreanisches Essen wäre denkbar ohne Kimchi.

Kimchi ist wie ein Angriff auf die Geschmacks-knospen, es erzeugt Hitze und erregt alle Sinne. Doch wer sich an den Geschmack gewöhnt hat, will mehr davon. Ich erinnere mich noch an mein erstes Kimchi mit meinem Kommilitonen Paul. Er nahm mich mit in ein Restaurant, um mir die Küche seines Landes vorzu-stellen. Ich wurde auf der Stelle zum Fan.

WAS IST KIMCHI? Kimchi ist eine traditionelle Methode, um verschiedene Wintergemüse mit Salz zu konservieren. Es gibt zwei Typen von Kimchi: Jah-reszeitlich anfallende Gemüse, die frisch eingelegt werden (*Kimchi*) und jederzeit gegessen werden können und *Kimjang* (lagerfähiges Kimchi), das im Winter gegessen wird. Kimchi wird gewöhnlich mit Reis ser-viert, passt aber auch zu Suppen und Eintöpfen. Ich esse Kimchi am liebsten mit Pfannkuchen (siehe S. 117) als schnelles, billiges und sehr angenehmes Essen in kalten Winternächten.

Die Mitspieler sind rote Chilischoten, Salz, Knob-lauch, Ingwer und fermentierte Fischsoße. In einigen Rezepten ist Stärke in Form von Reismehl vorgesehen, um die Zutaten zu binden. Die Fischsoße ist für den ein-zigartigen Geruch und Geschmack verantwortlich. Sie wird seit alters aus jungen, gesalzenen Krabben, Sar-dellen oder Meerraben (komplett mit Innereien) herge-stellt. Bei der Fermentation werden die Proteine bis zu den Aminosäuren abgebaut (daher der Geruch), die wie-derum die Gärung des Gemüses unterstützen.

INHALTSSTOFFE IM KIMCHI. Es enthält große Mengen Vitamine. Sie sind im kalten koreanischen Winter unverzichtbar, wenn kein frisches Gemüse geerntet wird. Die B-Vitamine sind in besonders hoher Konzentration enthalten, sowie die Proteine aus der Fischsoße. Sie sind gut für die Verdauung und angeblich essen die Koreaner so große Mengen Kimchi, dass sie darauf sogar für ihre Verdauung angewiesen sind.

Vielleicht sollte ich erwähnen, dass ich trotz langer Suche noch nie von einem Vergiftungsfall gelesen habe. Nach einer koreanischen Untersuchung machen die guten Bakterien im Kimchi schädliche Bakterien wie Sal-monellen in Fleisch und Fisch unschädlich.

KIMCHI VERSTEHEN Ich habe mehrere Bücher über Kimchi gelesen, darunter auch das Buch *Kimchi – A Korean Health Food* von Lee & Lee (mit großartigen, farbigen Abbildungen). Leider kann ich nicht behaupten, dass meine Rezepte auch nur annähernd die Kunst der Kimchi-Herstellung erreichen, denn Koreaner nehmen ihr Kimchi sehr ernst. Wenn das Kimchi für den Winter (*Kimjang*) hergestellt wird, herrscht Feststimmung: Nachbarn, Familien und Freunde treffen sich und machen große Mengen Kimchi. Jeder Landesteil hat eigene Rezepte – manche mit Rettich, andere mit China-kohl oder Obst – und überall werden die Zutaten tra-ditionell geschnitten und präsentiert. Kimchi ist eine echte Kunstform, die ich vielleicht eines Tages beherr-schen werde. Bis dahin mache ich weiter mit meinen Experimenten.

KIMCHI-ZUTATEN BESCHAFFEN ODER SELBST KULTIVIEREN Die fermentierte Fischsoße bekommt man nur in Asia-Geschäften mit koreanischem Angebot. Kaufen Sie unbedingt eine Soße, die für Kimchi vorge-sehen ist.

Die Konservierungsstoffe in anderen Fischsoßen unterdrücken den natürlichen Gärungsprozess. Sollten Sie keine koreanische Fischsoße (oder ein anderes Produkt ohne Konservierungsstoffe) bekommen, können Sie es immerhin noch mit einer weniger authentischen, aber akzeptablen, fischlosen Version versuchen. Seinen spezifischen Geschmack und die Farbe verdankt Kimchi dem roten koreanischen Pfeffer. Meist wird diese scharfe Schote mit chinesischen Chilischoten gemischt, die etwas milder sind und eine dickere Schale haben – sie sorgt für die leuchtend rote Farbe. In einigen Kimchis werden in Streifen geschnittene, getrocknete Schoten, in anderen nur das gemahlene Pulver verwendet. Wenn Sie Chilis aus dem eigenen Garten verwenden, mischen Sie verschiedene getrocknete Sorten, bis das Pulver scharf und kräftig rot ist. Wenn Sie weder eigenen Chili haben, noch koreanischen Pfeffer besorgen können, versuchen Sie es mit Paprika- und Pfefferpulver; ich habe es ausprobiert und es liefert in etwa das richtige Aroma – ein Kompromiss, aber nahe genug am Original.

Beim Gemüse haben Sie eine große Auswahl. Koreaner nehmen das Grün des Braunen Senfs (Sareptasenf). Ich habe es erfolgreich mit Senfkohl versucht, etwa mit den Sorten 'Golden Streaks' mit mildem Senfaroma oder dem schärferen 'Giant Red' (schmeckt gut zusammen mit Rettich). Brunnenkresse liefert zusätzlich Vitamin A, C und Kalzium. Sie lässt sich in einem Eimer mit Wasser kultivieren; ein Ersatz wäre das Barbarakraut (*Barbarea verna*).

Eines der beliebtesten und dazu besonders charakteristischsten Kimchi wird aus Chinakohl hergestellt. Er braucht konstante Temperatur, viel Wasser und ist ein Liebling der Schnecken.

Rettiche sind sehr beliebt und die wachsen bei mir zum Glück bestens. Die Samen für die „ponytail radish" (weiße Rettiche mit runder Spitze), die in koreanischen Rezepten zum Fermentieren genutzt werden, sind schwer zu bekommen.

KIMCHI AUS WURZELGEMÜSE

(nach Sandor Katz: Wild Fermentation)

2 Kohlrüben

2 Topinambur

2 Daikon-Rettiche

2 Möhren

4 Frühlingszwiebeln

Ein kleiner Bund Schnitt-Knoblauch

Ein Bund Brunnenkresse (oder Barbarakraut)

Für die Chili/Ingwer/Knoblauch-Paste

4 Knoblauchzehen, geschält und zerdrückt

Ein 5 cm langes Stück Ingwer, geschält und gerieben

3 TL rotes Chilipulver; mit etwas Wasser zu einer
   Paste verrührt (ruhig auch mehr)

Koreanische Fischsoße ohne Konservierungsmittel

Glas zum Einlegen; möglichst ein spezieller Gärtopf
   (siehe S. 99)

In traditionellen Rezepten wird eine 15%ige Salzlösung (150 g Salz in 1 Liter, 75 g in 500 ml Wasser) angegeben. Das ist sehr viel Salz. Sie können es stattdessen mit 10%iger Lösung (100 g in 1 l, 50 g in 500 ml) versuchen. Lösen Sie das Salz in warmem Wasser auf; danach abkühlen lassen.

Waschen, schälen und schneiden Sie die Wurzelgemüse in 5 cm große Stücke; machen Sie dasselbe mit den grünen Blättern. Gießen Sie die Salzlake darüber; drei bis vier Stunden stehen lassen. Wenn die Gemüse etwas weicher geworden sind, mit frischem Wasser abspülen und probieren. Sie sollten angenehm salzig schmecken. Schmecken sie überhaupt nicht salzig, kommen sie nochmals für eine Stunde in die Salzlake; heben Sie die Salzlake für später auf.

Schneiden Sie das weiche Gemüse in dünne, bissfertige Scheiben – von mehreren Zentimetern bis zu bleistiftdünn. Es kommt nur darauf an, dass alle gleich groß sind, dann gut mischen. Geben Sie das Gemüse anschließend in eine große Schüssel.

Knoblauch, Ingwer und Chilipulver zu einer dicken Würzpaste verrühren und einen oder zwei Spritzer koreanische Fischsoße dazugeben. Geben Sie die Gewürzmischung zum Gemüse und mischen Sie alles mit (sauberen) Händen durch, bis das Gemüse gleichmäßig von allen Seiten überzogen ist.

Füllen Sie das Gemüse in ein sterilisiertes Glas; so fest wie möglich zusammendrücken. Innerhalb der nächsten paar Tage nimmt die Flüssigkeitsmenge im Glas zu. Sollte das nicht der Fall sein, füllen Sie ein wenig 3%ige Salzlake ein (siehe S. 97).

Drücken Sie das Gemüse mit Gewichten nach unten, bis es völlig von der Flüssigkeit bedeckt ist; wenn nötig, füllen Sie mehr Lake ein. Ich lege saubere, geschrubbte Steine oben auf (ein verschließbarer Gefrierbeutel mit Wasser erfüllt denselben Zweck; siehe S. 98).

Stellen Sie das Glas mit Kimchi an einen warmen Ort (14 °C) auf einen Untersetzer. Die Gärung setzt nach drei Tagen mit Blasenbildung ein. Kimchi darf nicht bei höheren Temperaturen gären, sonst wird es schlecht. Sobald Ihnen der Geschmack zusagt (in der Regel, wenn die meiste Flüssigkeit wieder absorbiert wurde), kommt es bei 2–5 °C in den Kühlschrank. Dort bleibt es einen Monat lang haltbar; ich habe Kimchi zwar schon drei bis vier Monate stehen lassen – gehen Sie aber lieber auf Nummer sicher.

Der erfolgreiche Weg zum Kimchi

> Stellen Sie immer nur kleine Mengen her. Große Mengen lassen sich schlecht lagern. Wenn der Deckel ständig geöffnet wird, setzt die Gärung wieder ein und verdirbt den Geschmack innerhalb von Stunden.

> Die ideale Temperatur für die Gärung ist 14 °C, also deutlich kühler als für Sauerkraut.

> Fermentiertes Kimchi sollte bei 2–10 °C aufgehoben werden.

> Wenn das Kimchi schleimig oder schimmelig wird, schlecht riecht (ich meine „schlecht", nicht intensiv), werfen Sie es weg.

KIMCHI MIT KÜRBIS

½ Kürbis, geschält, Samen ausgekratzt
    und in 2 cm große Stücke geschnitten
Grobes Meersalz
6 Rettiche (z. B. 'Runder Schwarzer') oder
    1 großer Daikon-Rettich, in 2 cm dicke Scheiben
    geschnitten; mit Blättern
Sareptasenf (z. B. 'Golden Streaks' wegen
    des milden Geschmacks)
Ein kleiner Bund Brunnenkresse/Barbarakraut
4 große Knoblauchzehen, geschält und zerdrückt
2 gehäufte TL roter koreanischer Pfeffer
    (oder eine Mischung aus Chilipulver und Paprika;
    siehe S. 113), oder nach Geschmack
Ein 5 cm langes Stück Ingwerwurzel, geschält und
    gerieben
5 Frühlingszwiebeln in 5 cm lange Stücke
    geschnitten
Sterilisiertes Glas zum Einlegen; möglichst
    ein spezieller Gärtopf (siehe S. 99)

Bestreuen Sie Kürbis und Rettich mit etwas Salz; drei bis
vier Stunden stehen lassen, bis die Stücke weich sind.
Drücken Sie Rettich- und Senfblätter sowie die Brunnenkresse / Barbarakraut in eine 3%ige Salzlösung (30 g
in 1 l), bis sie weich werden; abspülen und in 5 cm lange
Stücke schneiden.

Verrühren Sie Knoblauch, roten Pfeffer und Ingwer
zu einer Paste; geben Sie etwas Wasser dazu, falls
erforderlich.

In einer Schüssel den Kürbis, Rettich, Blätter und
Frühlingszwiebeln vermischen; die Gewürzpaste ein-
rühren und alles mit den Händen vermischen, bis das
Gemüse vollständig überzogen ist.

Füllen Sie das Gemüse ins Glas, legen Sie Gewichte
darauf und lassen Sie das Kimchi bei 14 °C fermentieren.
Die Gärung setzt nach drei Tagen mit Blasenbildung ein
(um Spritzer zu vermeiden, stellen Sie einen Untersetzer
unter). Nach etwa einer Woche sollte die Gärung abge-
schlossen sein. Das fertige Kimchi kommt in einer luftdichten Dose bei 2–5 °C in den Kühlschrank.

KIMCHI AUS GRÜNEN BLÄTTERN

*Mit diesem Kimchi lassen sich die grünen Blätter von Rettich
sinnvoll verwerten. Am besten schmeckt es mit den jüngsten
Blättern ganz normaler Rettichsorten. Es gibt aber auch
Blattrettichsorten mit weniger haarigen Blättern (ich kultiviere 'Sai Sai', 'Hong Vit' oder 'Red Stemmed').*

200 g junge Rettichblätter (oder milder japanischer
    Senfkohl wie 'Mizuna')
Grobes Meersalz
3 Knoblauchzehen; geschält und zerdrückt
Ein 5 cm langes Stück Ingwer; geschält und gerieben
3 TL roter koreanischer Pfeffer; oder nach
    Geschmack
1 EL Reismehl (oder normales Mehl)
2 TL Sesamsamen, kurz in der Pfanne geröstet, bis
    sie duften
4 Frühlingszwiebeln, in 5 cm lange Stücke
    geschnitten
Ein sterilisiertes Glas; möglichst ein spezieller Gär-
    topf (siehe S. 99)

Waschen Sie die Blätter, dann in 5 cm große Stücke
schneiden. Mit Salz bestreuen und etwa eine Stunde
lang einweichen lassen. Abschmecken; unangenehm
salzig schmeckende Blätter abspülen.

Verrühren Sie Knoblauch, Ingwer, roten Pfeffer und
Reismehl mit etwas Wasser zu einer Paste; die gerös-
teten Sesamsamen einrühren.

In einer Schüssel die Blätter und Frühlingszwiebeln
vermischen; die Gewürzmischung einrühren und alles
mit den Händen vermischen, bis das Gemüse vollständig
überzogen ist.

Füllen Sie das Gemüse ins Glas, legen Sie Gewichte
darauf (siehe S. 102) und lassen Sie das Kimchi bei 14 °C
im eigenen Saft fermentieren. Die Gärung setzt nach
drei Tagen mit Blasenbildung ein (das Glas auf einen
Untersetzer stellen); probieren und für ein stärkeres
Aroma bei Bedarf noch einige Tage stehen lassen. Das
fertige Kimchi wird in einer verschlossenen Dose bei
10 °C gelagert; es sollte bis zu einem Monat haltbar sein.

Kimchi Gerichte für Faule

KIMCHI MIT EIERREIS

Für 1 Portion

1 EL Sonnenblumenöl

1 Portion gekochter Reis (wenn ich es mir sehr
   einfach machen will, nehme ich vorgekochten
   Reis im Kochbeutel)

3 EL selbst gemachtes Kimchi Ihrer Wahl,
   kleiner geschnitten und mit etwas Saft

Eine Handvoll Erbsen, Erbsensprossen, Brunnen-
   kresse/Barbarakraut oder Frühlingszwiebeln
   (oder andere schnell garende Sprossen)

1 geschlagenes Ei

Sojasoße nach Geschmack

Erhitzen Sie das Öl in einer Pfanne oder einem Wok;
Reis dazugeben. Fügen Sie Kimchi und den Saft dazu
und rühren Sie bei großer Hitze kräftig durch, bis Dampf
aufsteigt. Fügen Sie das frische Grün dazu, bis es heiß
ist, dann rühren Sie das geschlagene Ei unter. Abschmecken mit Sojasoße. Denken Sie daran: Kimchi ist salzig,
also sparsam würzen. Wenn Ihr Kimchi genauso würzig
ist wie meins, sollten Sie ein Glas Wasser bereitstellen.

KIMCHI RAMEN-NUDELN

*Ein simples, schnelles Gericht für einen verkaterten Tag;
außerdem tut Kimchi immer gut.*

450 ml Wasser

4 EL selbst gemachtes Kimchi Ihrer Wahl

1 Paket Ramen-Instantnudeln mit der
   Würzmischung

2 Frühlingszwiebeln, in 5 cm lange Stücke
   geschnitten

1 kleine, scharfe Chilischote, fein gehackt (optional)

1 Ei

Bringen Sie das Wasser zum Kochen und geben Sie
Kimchi dazu; fünf Minuten simmern lassen. Geben
Sie die Ramen-Nudeln und die Gewürzmischung dazu;
kochen, bis die Nudeln fertig sind. Rühren Sie die Frühlingszwiebeln und die Chilischote ein. Ei aufschlagen
und in die Suppe gleiten lassen. Abschmecken mit Salz,
wenn das Ei weich pochiert ist.

KIMCHI-PFANNKUCHEN

*Diese Pfannkuchen sind dicker als Crêpes, aber dünner als
ein üblicher Pfannkuchen. Sie werden abwechslungsreicher
mit geröstetem Sesamsamen, Schnittlauchblüten und einem
Spritzer Sojasoße.*

Für zwei große Pfannkuchen

Für die Füllung

2 EL selbst gemachtes Kimchi Ihrer Wahl (üblicherweise Kimchi aus Kohl, aber ich habe alle
   möglichen Sorten ausprobiert); klein schneiden,
   wenn die Stücke zu groß sind.

2 Scheiben Frühstücksspeck, Fett entfernt, in dünne
   Streifen geschnitten und in etwas Sojasoße,
   Sesamöl und geriebenem Ingwer (optional)
   mariniert

ODER koreanisch eingelegter Bärlauch (siehe S. 81)
   als vegetarische Option

1 große Frühlingszwiebel, in 5 cm lange Stücke
   geschnitten

Für den Pfannkuchenteig

90 g Weizenmehl (oder glutenfreies Reismehl)

120 ml Wasser

1 kleines Ei mit einer Prise Salz geschlagen

Sonnenblumenöl für die Pfanne

Sieben Sie das Mehl in eine Schüssel und rühren Sie
nach und nach das Wasser und das Ei ein, bis ein glatter
Teig entsteht. Erhitzen Sie das Öl in einer Pfanne und
braten Sie die Speckstreifen aus; herausnehmen und
überschüssiges Fett entfernen. Gießen Sie die Hälfte des
Teiges ein und neigen Sie die Pfanne, bis der Teig den
Boden bedeckt. Wenn der Teig gerade fest wird, breiten
Sie Kimchi, Speck (oder Bärlauch) darauf aus und braten
den Pfannkuchen bei kleiner Hitze, bis die Unterseite
goldbraun und die Oberseite gerade fest ist (bei Bedarf
Deckel aufsetzen).

SAUER EINGELEGTE DILLGURKEN

*Auch dieses Rezept ist ein Klassiker. Dillgurken sauer einzu-
legen, gehört zu meinen Highlights des Jahres. Das Rezept
ist für möglichst kleine Gurkensorten (Essiggurken) oder
kleine, junge Gurken gedacht. Sie werden viele Rezepte
finden, in denen die Gurken in Essig eingelegt und nicht
durch Milchsäuregärung konserviert werden. Das geht in
Ordnung, wenn Sie nicht viel Zeit haben; aber den eigent-
lichen Kick bekommen die Gurken erst durch die Gärung.
Wenn Sie mögen, können Sie die Gurken durch Busch-
Bohnen ersetzen; lassen Sie dann die Senfsamen weg.*

*Das Rezept ist für kleine Mengen gedacht. Mir ist immer
wieder aufgefallen, dass große Mengen eher abschrecken, vor
allem, wenn man den Prozess noch nicht völlig beherrscht.
Versuchen Sie's, die Menge können Sie immer noch steigern.
In vielen traditionellen Rezepten werden die sauren Dillgurken 24 bis 48 Stunden lang fermentiert, danach werden
die Gurken entnommen und dauerhaft in gesüßtem Essig
konserviert. Ich finde, dass auf diese Weise der Spaß an der
natürlichen Gärung verloren geht (und die guten Eigen-
schaften). Meine Gurken gären etwa ein bis vier Wochen
lang.*

Grobes Meersalz

500 g Gurken zum Einlegen, die bei der Ernte nicht
    länger als 10 cm sein dürfen

3 Knoblauchzehen, geschält und angestochen

Für die Gewürzmischung

2 blühende Dilldolden (oder 2 EL gehackte Dillblätter
    und ¼ TL Dillsamen)

¼ TL schwarze Senfsamen

¼ TL schwarze Pfefferkörner

1 kleines Lorbeerblatt

½ kleine, rote Chilischote, in Scheiben (optional)

1 Weinblatt (siehe S. 84)

1 sterilisiertes Glas (1 l) zum Einlegen;
    möglichst ein spezieller Gärtopf (siehe S. 99)

Lösen Sie 40 g Salz in 500 ml Wasser auf (8%ige Salzlake); rühren, bis sich das Salz gelöst hat. Waschen Sie
die Gürkchen und schneiden Sie sorgfältig alle Blütenreste ab. Legen Sie die Kräuter und Gewürze auf den
Boden des Glases, kippen es auf die Seite und geben
Knoblauch und Gurken hinein. In ein schräg gehaltenes
Glas können Sie alle Gurken aufrecht und dicht neben-
einanderlegen; andernfalls liegen sie kreuz und quer.
Gießen Sie die Salzlake darüber, bis alle Gurken bedeckt
sind.

Legen Sie das Weinblatt oben auf und drücken Sie
die Gurken mit sauberen Steinen oder Gewichten nach
unten (siehe S. 102). Die Gurken verderben, wenn sie
nicht vollständig mit Lake bedeckt bleiben!

Decken Sie das Glas mit einem sauberen Tuch oder
dem Deckel des Gärungstopfes ab.

Für die Gärung bieten sich mehrere Optionen an:
In einem normalen Glas (ohne Gärrohr) sollten die
Gurken kühl und hell stehen (nicht in direktem Sonnenlicht), denn das Licht verlangsamt die Bildung von
Schaum auf der Oberfläche. Auch der Gärtopf kommt an
einen kühlen, hellen Platz. Die Gärzeit richtet sich nach
der Temperatur. Ich bevorzuge eine langsame Gärung
bei moderaten Temperaturen (16–21 °C), die etwa vier
Wochen dauert. Bei höheren Temperaturen (18–21 °C)
sind die Gurken nach ein bis zwei Wochen fertig.

Kontrollieren Sie das Glas täglich. Sollte sich
Schimmel zeigen (in einem Gärtopf ziemlich unwahrscheinlich), wird er sorgfältig abgeschöpft und der Rest
unter die Lake gerührt; die saure Umgebung tötet die
Schimmelpilze ab. Fall nötig, waschen Sie den verschim-
melten Deckel und Steine ab.

Nach einer Woche können Sie die Gurken probieren.
Wenn Ihnen der Geschmack zusagt, werden sie im Kühlschrank oder Keller kaltgestellt. Sind sie nicht sauer
genug (wenn der Gärtopf kühler steht), warten Sie noch
etwas ab.

In luftdichten Behältern gelagerte Dillgurken halten
sich bei 10–16 °C bis zu drei Monaten.

TABASCO

Die original Tabascosoße wird aus Tabasco-Chilis hergestellt (Capsicum frutescens 'Tabasco'), benannt nach dem mexikanischen Bundesstaat. Sie können diese berühmte Soße aber auch mit jeder anderen scharfen Sorte herstellen. Das Geheimnis einer guten Schärfe ist die lange Gärungszeit. Die echte Tabascosoße reift bis zu drei Jahre in Eichenfässern. Mein Rezept bringt schnellere Ergebnisse und Sie können die Schärfe zwischen mild und superscharf einstellen.

30 kleine, rote oder 15 große Chilischoten
Salz
Weißweinessig
1 sterilisiertes Glas zum Einlegen;
    möglichst ein spezieller Gärtopf
    (siehe S. 99)

Chilischoten waschen und die Stiele entfernen. Hacken Sie das Fruchtfleisch und die Samen fein oder zerkleinern Sie alles in einem Mixer (die hautschonendere Version, denn die scharfen Chilis greifen die Finger an). Wiegen Sie die Chilipaste ab: Auf 30 Teile Chilipaste kommt 1 Teil Salz.

Füllen Sie die Chilipaste in das Glas und rühren Sie das Salz ein; abdecken mit einem sauberen Tuch oder den Deckel des Gärtopfes aufsetzen. Stellen Sie den Topf für 24 Stunden an einen warmen Ort (18–21 °C).

Nach 24 Stunden hat das Salz bereits Flüssigkeit aus den Chilis gezogen. Die Paste muss während der gesamten Gärzeit von der eigenen Flüssigkeit bedeckt bleiben. Wird sie dem Sauerstoff der Luft ausgesetzt, vermehren sich schädliche Organismen und ruinieren den Ansatz. Sollte sich nicht genug Flüssigkeit gebildet haben, rühren Sie einen Teelöffel Salz ein und warten ein bis zwei Stunden ab. Danach sollte sich eine Flüssigkeitsschicht über der Paste gebildet haben – sie reicht aus, um die Chilis zu bedecken. Wahrscheinlich setzt sich auf der Oberfläche weißer Schimmel ab, den Sie regelmäßig abschöpfen sollten.

Mir ist allerdings aufgefallen, dass kaum Schimmel auftritt, wenn die Soße einmal pro Woche umgerührt wird.

Die Fermentation dauert bei 18–21 °C etwa vier Wochen. Bei niedrigeren Temperaturen dauert der Vorgang bis zu drei Monaten.

Gießen Sie nach vier Wochen den Weißweinessig dazu. Gießen Sie jeweils kleine Portionen ins Glas und testen Sie den Geschmack, bis die Soße das feurig-saure Aroma hat (nicht zu viel Essig, sonst wird die Soße wässrig). Lassen Sie den Ansatz noch eine Woche lang stehen, dann probieren Sie erneut, ob sich die Aromen vermischt haben; falls nötig, geben Sie noch einen Schuss Essig dazu.

Zum Abschluss wird die Soße durch mehrere Lagen Musselin in einem Sieb geseiht. Sie können eine ordentliche Menge von dem Fruchtfleisch in der Soße belassen, aber ich empfehle Ihnen, die Samen auszusortieren.

Die Soße hält sich in einer luftdichten Flasche im Kühlschrank mehrere Monate lang, wie lange genau, weiß ich nicht, weil wir sie längst vorher verbrauchen!

TSUKEMONO

Tsukemono sind leuchtend gefärbte, eingelegte japanische Gemüse, die in jeder Bento-Box liegen und als Beilage zu japanischem Essen gereicht werden. Sie sind für schnellen Verzehr und nicht für lange Lagerung gedacht. Es gibt mehrere Rezepte, ich habe mich jedoch auf die bizarren aber wunderbaren Nukazuke beschränkt, die auf einem Bett aus Reiskleie (Nukadoko) fermentieren.

Ein Nuka-Bett herzustellen, basiert auf der persönlichen Beziehung zu einem Produkt, das auf dauerhafte Zuwendung angewiesen ist. Wenn Sie die 30 Tage genossen haben, in denen die Tabascosoße fermentierte, Kimchi für einen Spaziergang hielten, stets Sauerteig, Bier oder Kombucha selbst herstellen, dann ist Tsukemono das Richtige für Sie – vielleicht macht es Sie sogar hemmungslos glücklich.

Sich täglich um ein Bett aus feuchter, gärender Kleie kümmern zu müssen, erinnert meinen Fotografen Simon an das „Putzen des Spülbeckens". Wenn Sie auch so denken, sollten Sie in ein japanisches Restaurant gehen und sich ansehen, mit welcher Liebe die winzigen Auberginen und fein geschnittenen, eingelegten Daikon-Rettiche für Sie zubereitet wurden. Vielleicht können Sie auch einen Bekannten in Japan davon überzeugen, Ihnen einen Instant-Nuka mitzubringen (*nukazuke no moto* im Beutel oder *nukadoko* im Plastikeimer).

Zunächst das Wichtigste, was Sie über das Nuka-Bett wissen sollten: Es muss JEDEN TAG mit den Händen gewendet werden. Wenn Sie in Urlaub fahren, brauchen Sie also einen Helfer Ihres Vertrauens, oder Sie müssen das Nuka-Bett mitnehmen.

Vielleicht können Sie ein Reiskleiebett auch online beschaffen. Ich habe gelesen, dass auch Weizenkleie oder sogar Cornflakes funktionieren, habe es aber nie ausprobiert.

Ein Nuka-Bett riecht merkwürdig, aber nicht unangenehm. Und ja, Simon hat recht, das Umwenden hat etwas vom Reinigen eines verstopften Abflusses – aber das Endprodukt schmeckt einzigartig. Die Milchsäurebakterien im Kleiebett fermentieren das Gemüse; die

Lake sorgt für die richtige Umgebung; Brot und Eierschalen fördern die Vermehrung der richtigen Hefen; und die Gewürze, Algen, Schalen und andere Gemüse sorgen für das einzigartige Aroma. Jedes Nuka-Bett ist anders, jedes verleiht dem eingelegten Gemüse ein ganz eigenes, subtiles Aroma. In manchen Nuka-Betten sorgen die Hefen aus Bier oder Sake für einen speziellen Geschmack, und ich habe getrocknetes Gundruk dazugegeben, um die Hefen zu vermehren. Es hilft dabei, die Fermentation in einem neuen Bett zu beschleunigen.

Vor allem bei heißem Wetter kann sich auf der Oberfläche des Kleiebettes ein weißer Schimmelfilm ansiedeln (ähnlich dem Schimmel auf dem Sauerkraut). Er ist ein Hinweis darauf, dass die Kleie zu nährstoffarm und zu feucht ist und dass schädliche Bakterien einwandern. Geben Sie mehr Reiskleie dazu und rühren Sie häufiger um. Beim Umrühren gelangt Sauerstoff in die Masse, den die Hefe braucht und der unerwünschte anaerobe Bakterien eindämmt. An sehr heißen Tagen (über 30 °C) müssen Sie zweimal täglich umrühren.

Wenn das Bett zu feucht wird und Sie keine Reiskleie zur Hand haben, geben Sie trockene Bohnen dazu (in Japan nimmt man getrocknete Sojabohnen); sie absorbieren die Feuchtigkeit und bringen ein etwas anderes Aroma in den Ansatz.

Um die Fermentation zu stoppen und Schädlinge fernzuhalten, werden getrocknete Chilischoten oder Knoblauch darunter gemischt (ich könnte mir vorstellen, dass sie bei Generationen alten Reiskleiebetten zum Problem werden).

Wenn das Kleiebett sauer oder einfach nur „falsch" riecht, werfen Sie es auf den Kompost und fangen Sie neu an.

Falls Sie das Bett eine Weile nicht benötigen, kann es im Kühlschrank gelagert werden (auch im Gefrierbeutel aus Plastik, falls der Gärtopf nicht hineinpasst). Auch im Kühlschrank muss die Kleie regelmäßig gewendet werden, allerdings nicht so häufig. Während des Urlaubes oder, wenn Sie keine Lust mehr haben, das Kleiebett täglich zu wenden, hält es sich für einen Monat im Kühlschrank. Im Gefrierschrank lässt es sich sogar noch länger aufheben.

5 Streifen Kombu-Algen (je 10 cm lang
    und 2–3 cm breit)

3 Eierschalen

2 Scheiben Sauerteigbrot, in Streifen geschnitten,
    gewürfelt und in Wasser zu einem Teig
    aufgeweicht

Salzlake, 85 g Salz in 1 l Wasser

125 ml Miso-Paste

1 kg Reiskleie (aus dem Reformhaus)

Ein 2,5 cm langes Stück Ingwer, gerieben

1–2 getrocknete, rote Chilischoten, zerdrückt

Schale von einem Apfel; etwas antrocknen lassen,
    damit sie süßer wird (optional)

1 Knoblauchzehe, geschält aber intakt

1 kleiner Weißkohl oder Rübenblätter
    (absolut notwendig, damit die Fermentation
    ablaufen kann)

Gemüse der Saison, z. B. Gurken, Rettich,
    Auberginen, Erbsen, Bohnen, junge Zucchini,
    Möhren, Steckrüben oder Topinambur –
    ab dem 8. Tag zugefügt

Ein Topf zum Einlegen – ich habe einen Steinguttopf,
    es geht aber auch mit Plastik

TAG 1 Übergießen Sie die Algen in einer Schüssel mit warmem Wasser; 30 Minuten lang quellen lassen. Abgießen und das Wasser durch ein Sieb gießen, um Schmutzteilchen abzuseihen; beides zur Seite stellen. Eierschalen waschen und zerdrücken. Stellen Sie die Lake her (am besten löst sich das Salz in heißem Wasser; dann bis handwarm abkühlen lassen). Lösen Sie die Miso-Paste im Algenwasser auf.

Geben Sie die Kleie, Brot, Eierschalen, Algen, Ingwer, Chilischoten und das Misowasser in einen großen Topf. Gießen Sie die Salzlake dazu und rühren Sie alles mit einem hölzernen Kochlöffel um, bis alles feucht ist. Die Kleie sollte sich wie nasser Sand anfühlen – feucht, aber nicht in der Lake schwimmend.

Füllen Sie die Kleiemischung in den Gärtopf und geben Sie das erste Gemüse dazu – Weißkohlblätter, den Strunk oder ein paar Rübenblätter. Sie müssen völlig mit der Kleiemasse bedeckt werden, dürfen sich aber nicht berühren. Bei kühler Zimmertemperatur für 24 Stunden stehen lassen.

TAG 2 Wenden Sie das Kleiebett mit sauberen Händen, entfernen Sie den Weißkohl oder die Rübenblätter und geben Sie frische Blätter dazu. Sie müssen mit nackten Händen umschichten, denn auf Ihrer Haut sitzen viele Hefesporen, die nun übertragen werden. Wenn Sie das eklig finden, dann sind Sie nicht die Richtige für das Nuka-Bett! Andere Hefesporen sitzen auf den Kohlblättern, die täglich neu eingefügt werden.

In manchen Rezepten steht zwar, man müsse die Kleie vollständig in die Salzlake drücken, aber ich halte das nicht für notwendig. Allerdings habe ich herausgefunden, dass man nach einem oder zwei Tagen Salzlake nachfüllen muss, wenn sich die Masse nicht mehr feucht anfühlt (frische Salzlösung aus 15 g Salz in 250 ml Wasser). Wird die Masse danach zu feucht, drücken Sie eine Untertasse oben in die Kleie und schöpfen Sie die einlaufende Flüssigkeit ab (alternativ geben Sie etwas mehr Kleie dazu).

TAGE 3–7 Wenden Sie das Kleiebett täglich mit sauberen Händen um. Tauschen Sie dabei die alten gegen frische Kohl-/Rübenblätter aus.

Am Ende der ersten Woche sollten die Kohlblätter ihre Farbe verändern, weicher werden, aber immer noch knackig sein – die Fermentation hat begonnen. Probieren Sie am Ende der Woche tapfer das erste Kohlblatt. Es sollte leicht säuerlich, salzig und schon wie eingelegt schmecken. Falls nicht, machen Sie weiter mit dem täglichen Wenden und Austausch der Blätter – es kann bis zu drei Wochen dauern.

AB DEM 8. TAG Wenn die Fermentation angelaufen ist, können Sie mit dem Saisongemüse loslegen. Es sollte sauber und nach meiner Erfahrung möglichst intakt sein. Am besten funktioniert die Fermentation bei kleinen Gemüsen, wie 10 cm langen Auberginen, Gurken oder Möhren. Auch ganze Rüben und Rettiche sollten nur so groß sein wie ein Dauerlutscher; Sie können aber auch experimentieren.

Legen Sie immer nur wenige Gemüse in die Kleie; sie dürfen sich nicht berühren. Die Dauer der Fermentation kann schwanken, je nach Größe des Gemüses und der Zimmertemperatur. Ich empfehle aber ein bis zwei Tage (Rettiche, die einen Monat im Kleiebett liegen bleiben, bekommen ein ganz eigentümliches Aroma).

Nicht vergessen: Das Kleiebett muss jeden Tag mit sauberen Händen gewendet werden.

Von Zeit zu Zeit müssen Sie das Kleiebett mit Salzlake, Kleie, Ingwer, Algen, Misowasser oder Bier auffrischen – immer nur ein bisschen. Ein guter Maßstab sind die Algen. Wenn sie sich aufgelöst haben, ist eine Auffrischung nötig.

ZUCKERN

Marmeladen, Gelees & Co

Wenn ich an die selbst gemachte Marmelade zurück-
denke, die meine Kindheit begleitet hat, fällt mir nicht
unbedingt das Frühstück ein, sondern ich erinnere mich
vor allem an Liebe. Der Zwilling meiner Mutter lebte
in Toronto und für beide war die Entfernung kaum zu
ertragen. Sie schrieben sich lange Briefe auf blauem
Luftpostpapier, das so dünn war wie eine Zwiebelschale,
als könne es so den weiten Ozean schneller überfliegen.
Sonntagabends war die Zeit der Telefonanrufe, und
wenn sie es nicht mehr aushielten, kam meine Tante zu
Besuch. Ihre beiden riesigen Koffer erzählten von dem
besseren Leben in Nordamerika und sie holte erstaun-
liche Dinge hervor: Frische Blaubeeren, das erste Ins-
tant-Popkorn in Aluminiumbeuteln, Pop-Tarts Plätzchen, Lifesavers (Pfefferminzbonbons in Ringform),
Kaugummi in Geschmacksnoten, die keine englische
Mutter ihren Kindern erlaubt hätte – und Marmelade.
Jede Menge Marmelade. Dor Dor machte die Marmelade
und Lizzie aß sie auf. Noch Wochen, nachdem wir sie
weinend verabschiedet hatten, holte meine Mutter die
Marmeladengläser wie Schätze hervor. Dor Dor machte
damals die beste Marmelade der Welt.

Es gab eine Ausnahme: Meine zweite, französische Tante produzierte völlig andere Marmeladen. Sie war ein aktives Mitglied von Greenpeace, Amnesty International und hatte sich einst auf dem Militärflughafen Greenham Common angekettet (in meiner Erinnerung begann sie damals, uns mit Marmelade zu versorgen). Ihre Marmeladengläser waren politische Statements. Sie trugen Namen von politischem Unrecht – manchmal auch nach einem Gerichtsurteil. Sie wollte dem Esser damit deutlich machen, welches Unrecht, Not und Krieg zu der Zeit gerade herrschte, als sie die Marmelade einkochte. Als ich noch klein war, sagten mir die Namen gar nichts. Heute kann ich mir kaum noch etwas anderes vorstellen, als Marmeladen nach Ereignissen zu benennen, wenn auch meine weniger politisch motiviert sind.

Meine Erziehung spielte sich rund um die Marmelade ab. Die Schule speiste mich mit Essen aus der Massenproduktion ab, doch die Marmelade zu Hause war bunt wie Juwelen, köstlich, süß oder bitter. Sie schwamm auf der Butter oder war so fest, dass meine Zähne ihre Spuren darin hinterließen. Hin und wieder sehne ich mich nach dem billigen Weißbrot mit der gerade noch weichen Butter und der harten Renekloden-Marmelade

meiner Mutter, die auf dem Gaumen angenehm prickelte. Man konnte Cartoon-reife Bissen abbeißen, denn die Marmelade war fester als das Brot.

Eine gute Marmelade muss schmecken wie die Früchte, aus denen sie gemacht wurde. Sie muss zuerst simmern und dann erst kochen, bis sie erstarrt – nicht anders herum. Die besten Marmeladen entfalten ihr Aroma im eigenen Saft. Schneiden Sie die Früchte, wenn möglich, am Abend vorher klein und geben Sie einen Teil des Zuckers (oder die gesamte Menge), die Kräuter und Gewürze dazu, damit sich alle Aromen verbinden. Rühren Sie gelegentlich um, damit sich der Zucker auflöst. Wenn Sie klares Gelee einkochen möchten, müssen Früchte und Kräuter durchgeseiht werden. Erst am nächsten Tag, wenn sich alle Zutaten kennengelernt haben, wird der restliche Zucker eingerührt und das Gelee simmernd gekocht.

Manchmal fehlt einfach die Zeit für diesen nächtlichen Schritt. Der beste Ratschlag, den ich Ihnen geben kann, lautet: Stellen Sie kleine, keine riesigen Mengen her und folgen Sie dem Angebot der Jahreszeiten. Eine gute Marmelade ist viel mehr als ein Brotaufstrich. Mit den geeigneten Gewürzen schmeckt sie auch zu Ziegenkäse oder Fleisch.

MARMELADE EINKOCHEN

Zucker ist der ganze Trick: Je süßer die Marmelade, desto länger hält sie sich. Allerdings sollten Sie auch nicht zu verschwenderisch damit umgehen, denn zu viel Zucker macht die Marmelade klebrig und eklig.

Zucker bindet die verfügbare Flüssigkeit der Frucht und nimmt den schädlichen Mikroorganismen die Lebensgrundlage. Zusammen mit Hitze, der richtigen Menge Fruchtsäure und Sauerstoffmangel im Glas werden Früchte konserviert. Nach dem Trocknen ist das Einkochen von Marmelade die vielleicht lohnendste Form, seine Ernte zu konservieren. Es dauert nicht lange, vom blutigen Anfänger zum Meister zu

werden, der eigene Kreationen herstellt. Nachdem Sie einige Erfahrung gesammelt haben, kommt das Erstaunen über die Unmengen verbrauchten Zuckers. Ältere Rezepte sehen Berge von Zucker vor – Zucker und Früchte zu gleichen Teilen. Tatsächlich lässt sich die Zuckermenge deutlich reduzieren, wenn Sie Pektin beimischen. Käufliches Pektin ist sehr teuer und wird in denselben Mengen wie Zucker verwendet. Wenn Sie zu Beginn der Fruchtsaison Ihr eigenes Pektin herstellen (siehe S. 130), sparen Sie viel Geld und können gut damit arbeiten. Die Marmeladen halten sich nur nicht jahrelang.

DIE MARMELADEN-FAMILIE

Je nach Land gibt es unterschiedliche Namen für mit Zucker eingekochte Früchte, die sich in der Art der Fruchtanteile und Größe der Fruchtstücke unterscheiden. Während „Marmelade" im allgemeinen Sprachgebrauch (und in diesem Buch) als Sammelbegriff für eingekochte Früchte mit Fruchtstücken verwendet wird, ist der Begriff nach neuen EU-Richtlinien nur noch für Zitrusfrüchte gestattet.

Konfitüren bestehen aus der ganzen Frucht, die zerdrückt, in Stücke geschnitten oder mazeriert wird. Sie wird mit Zucker oder Pektin konserviert. Eine Konfitüre ist erstarrt, aber nicht fest und enthält keine freie Flüssigkeit. Ein Löffel sollte keinen Abdruck hinterlassen. In der Regel ist Konfitüre kräftig gefärbt. Sie kann auch mit teuren Beilagen aufgewertet werden – Rosinen, Walnüsse, Chilischoten oder Zitrusfrüchte.

Gelee wird aus geklärtem Fruchtsaft hergestellt. Es sollte so fest sein, dass ein Löffel Gelee außerhalb des Glases seine Form behält. Preiswürdig wird ein Gelee nur, wenn es keine Schlieren enthält – pressen Sie den Saft nie mit Gewalt durch das Tuch.

Kompott besteht meist aus ganzen Früchten, manchmal auch aus Fruchtstücken, die in Sirup schwimmen.

Marmeladen im engeren Sinn werden aus Zitrusfrüchten hergestellt und müssen Fruchtstücke enthalten.

Mus wird ähnlich wie Konfitüre hergestellt, allerdings aus püriertem Fruchtfleisch, und mit Zucker (ein Teil Zucker auf zwei Teile Fruchtfleisch) gekocht und eingedickt (im Mus bleibt der Löffelabdruck erhalten). Eine typisch englische Spezialität ist der *Fruit Cheese* (Frucht und Zucker zu gleichen Anteilen). Der feste Fruchtkäse wird in Scheiben geschnitten serviert. Mus ist weicher und nicht so lange haltbar.

Bei allen Formen kommen vier Grundzutaten zum Einsatz: Früchte, Pektin, Zucker und Säure. Wir sehen vor allem die Früchte, doch das eigentliche Geheimnis dahinter sind Pektin, Zucker und Säure, die alles in ein Gel verwandeln.

DIE FRÜCHTE

Bei den Früchten haben Sie die freie Auswahl. Früchte sollten reif, aber nicht überreif sein. Verwenden Sie zusätzlich einen kleinen Anteil nicht ausgereifter Früchte, da sie ihr Pektin an die Marmelade abgeben.

WAS IST PEKTIN?

Pektin ist ein Bestandteil der Zellwände. Während der Reifung bauen die Früchte Pektin ab und werden weicher. Dieses Phänomen benutzen wir bei der Herstellung von Marmeladen, denn Kochen setzt das Pektin frei. Damit die Masse wieder erstarrt, braucht das Pektin einen Bindungspartner – daher die hohe Zuckerkonzentration – und den Wasserverlust beim Kochen. Das Pektin schließt sich wieder zu Ketten zusammen und die Frucht-Zucker-Masse wird fest.

Einige Früchte enthalten mehr Pektin als andere (siehe S. 132). Um den Pektingehalt in pektinarmen Früchten (beispielsweise Beeren, Pflaumen, Kirschen) zu erhöhen, gibt man pektinreiche Früchte (Quitten, Äpfel, Zitrusfrüchte) dazu. Als Alternative bieten sich Gelierzucker, kommerzielles oder selbst gemachtes Pektin (siehe unten) an. Kommerzielles Pektin wird aus Apfelschalen oder der weißen Schicht von Zitrusfrüchten hergestellt.

PEKTIN SELBST GEMACHT Pektin lässt sich einfach herstellen und im Gefrierfach lagern – es lohnt sich, da kommerzielles Pektin recht teuer ist. Ich habe meist einen Pektinvorrat, um überreife Beeren einzukochen. Die beiden Rezepte unten gehen von unreifen Äpfeln oder Holzäpfeln aus, die ab Ende September reif werden. Wenn Sie beide Rezepte benutzen, sollte Ihnen der Pektinvorrat für ein ganzes Jahr reichen.

1) PEKTIN AUS SAUREN ODER UNREIFEN ÄPFELN

Nicht vergessen: Die Äpfel müssen unreif sein.

1,8 kg unreife Äpfel, in Scheiben geschnitten
(mit Kerngehäuse)
Wasser

Legen Sie die Apfelscheiben in einen großen Topf; Wasser einfüllen, bis sie schwimmen. Etwa drei bis fünf Minuten simmern lassen, oder bis die Äpfel weicher werden. Die weichen Apfelscheiben werden durch ein Sieb gepresst oder eine Flotte Lotte gedreht, um die Kerne zu entfernen.

Füllen Sie Flüssigkeit und Fruchtfleisch in einen Einmachtopf (oder einen ähnlichen, schweren Topf) und kochen alles auf die Hälfte ein; zum Schluss nicht mehr kochen. Gießen Sie die Masse in ein sauberes Kopfkissen oder ein Seihtuch; über Nacht abtropfen lassen. Sie können die Masse vorsichtig durchdrücken, aber für ein klares Gelee lassen Sie die Masse lieber in Ruhe. Geben Sie den klaren Saft zurück in einen Topf; wieder bis fast auf die Hälfte einkochen. Probieren Sie, ob die Masse erstarrt (siehe S. 132); ggf. etwas länger kochen.

Das Pektin entweder in eine Flasche gießen und 10 Minuten im Wasserbad sprudelnd kochen lassen (siehe S. 157), in eine luftdichte Gefrierdose füllen und einfrieren oder es sofort verbrauchen.

2) PEKTIN AUS HOLZÄPFELN

900 g Holzäpfel in Scheiben
750 ml Wasser

Wasser und Äpfel in einen großen Topf geben; 30 Minuten simmern lassen, bis die Äpfel weich sind. Falls nötig, mehr Wasser dazugießen. Die weichen Apfelscheiben durch ein Sieb, mit sauberem Kissenbezug oder Musselin ausgelegt, in eine saubere Schüssel seihen. Wenn noch keine klare Flüssigkeit durch den Stoff austritt, alles nochmal erhitzen und wieder abseihen. Die Masse keinesfalls durch den Stoff drücken, sonst wird die Flüssigkeit trübe.

Die Flüssigkeit in einen sauberen Topf gießen; bis auf fast die Hälfte reduzieren. Probieren Sie, ob die Masse erstarrt (siehe S. 132) und füllen Sie dann die Flüssigkeit in Flaschen. Das Pektin sollte schmecken wie ungesüßter Apfelsaft.

Pektingehalt testen (selbst gemachtes Pektin)

Ein Test des Pektingehalts ist sehr sinnvoll, um seine Stärke abzuschätzen; sonst arten die Mengenangaben in ein Ratespiel aus. Alles, was Sie brauchen, ist Brennspiritus. Geben Sie drei Teelöffel Brennspiritus in ein Glas und fügen Sie einen Teelöffel kühles Pektin dazu. Kräftig schütteln und eine Minute stehen lassen. Das Pektin ist stark genug, wenn die Masse zu einem festen Gel erstarrt (lässt sich mit einer Gabel anheben). Das Pektin ansonsten noch etwas einkochen. Nicht probieren und nicht zum Einkochen in den Topf zurück! Brennspiritus ist giftig!

Pektingehalt der Früchte testen

Eine Handvoll Früchte in eine Schale geben, kochendes Wasser darübergießen und alles zu einem Püree zerstampfen. Harte Früchte werden weich gekocht. Einen Esslöffel der Masse auf einen Unterteller geben; abkühlen lassen. Drei Esslöffel Brennspiritus zu dem kühlen Fruchtsaft zufügen, gut vermischen und eine Minute stehen lassen. Wenn die Mischung zu einem einzigen, großen Klumpen verläuft, ist die Frucht pektinreich; bilden sich zwei bis drei kleinere Klumpen, reicht der Pektingehalt noch aus und Sie müssen wahrscheinlich nur etwas Zitronensaft dazugeben, bis die Masse erstarrt. Bilden sich jedoch zahlreiche kleine, weiche Klümpchen, reicht das Pektin nicht aus und Sie müssen entweder kommerzielles oder selbst gemachtes Pektin dazugeben.

Natürliches Pektin / Säuregehalt der Frucht

Wie viel selbst gemachtes Pektin gehört dazu?

Die Zugabe von Pektin hängt vom Reifegrad und dem natürlichen Pektingehalt der Früchte ab, die Sie zu Marmelade verarbeiten möchten. Ich gebe mein selbst gemachtes Pektin bei Früchten hinzu, die selbst wenig natürliches Pektin enthalten, wie Erdbeeren, Birnen, Weintrauben, Kirschen oder Brombeeren. Dabei halte ich mich an die Faustregel 60–110 g Pektin auf 450 g Früchte, das ich zu Beginn der Prozedur anstelle von Wasser zu den rohen Früchten gebe. Selbst gemachtes Pektin kann übrigens mitkochen, während das gekaufte

Pektin erst ganz zum Schluss beigemischt wird. Selbstverständlich dürfen Sie auch das selbst gemachte Pektin erst am Schluss unterrühren; ich gebe allerdings immer noch einen Esslöffel Zitronensaft dazu, um auf der sicheren Seite zu sein.

Wenn Marmelade, Gelee & Co. nicht erstarren wollen, enthalten sie gewöhnlich zu wenig Pektin. Da hilft nur ein weiterer Schuss Pektin (am Ende, zusammen mit dem Zitronensaft) und kurzes Aufkochen.

Die Säure

Ohne Säure gehen Früchte und Zucker nicht in den gel-
förmigen Zustand über. Früchte mit hohem Pektingehalt enthalten relativ viel Säure und unreife Früchte
haben tendenziell mehr Säure als reife.

Pektin erstarrt nur zum Gel, wenn der pH-Wert im Topf
zwischen 2,8 und 3,5 liegt – geschmacklich ähnlich wie
Zitronensaft mit wenig Zucker. Wenn die Früchte diesen
Säuregrad nicht erreichen, müssen Sie Säure zugeben.
Gehen Sie von der Faustregel ½ TL Zitronensäure oder
2 EL Zitronensaft auf 1,8 kg Früchte aus.

Der Zucker

Die Grundregel beim Marmeladekochen lautet: Zucker
und Früchte zu gleichen Teilen. Schneiden Sie die
Früchte in passende Stücke, auf die Waage damit und
dieselbe Menge Zucker dazu – eine Menge Zucker, wenn
man den natürlichen Fruchtzuckeranteil berücksichtigt.
Sie dürfen den Zucker bis auf 60 Prozent dieser Menge
reduzieren, auf keinen Fall weniger. Ein guter Mittelwert
wären 750 g Zucker auf 1 kg Früchte. Marmeladen mit
weniger Zucker halten sich jedoch nicht so lange, außer,
sie werden im Wasserbad behandelt (siehe S. 157). Wenn
die Früchte wenig Pektin enthalten, bleibt das Gel später
relativ flüssig, d. h., Marmeladen mit diesem Frucht-
Zucker-Verhältnis sollten Sie nur in kleinen Mengen (ein
oder zwei Gläser) herstellen und rasch aufessen.

Zubehör: Marmeladen & Gelees

Marmeladentopf: unverzichtbares Hilfsmittel; der dicke
Boden verhindert, dass die Fruchtmasse anbrennt. Gute
Modelle haben eine Maßeinteilung am Rand, sodass Sie
die eingekochte Menge direkt ablesen können.

Kochlöffel aus Holz: nicht gerade denselben, mit dem Sie
auch Zwiebeln oder Knoblauch umrühren.

Marmeladentrichter

Seihtuch (Leinen) oder Musselintuch; ein sauberes
Kopfkissen wird durch das Bügeln sterilisiert.

Klebeschilder

Marmeladengläser, Wachsscheiben und Deckel

Untertassen: in den Kühlschrank stellen für den
Geliertest

Schaumlöffel: um Kerne oder grobe Bestandteile abzu-
schöpfen (regelmäßig durchführen, während der Ansatz
abkühlt, sonst ist die Marmelade verloren)

Top-Tipps für die Marmeladenherstellung

Nehmen Sie nur reife Früchte, aber mischen Sie ein paar unreife Exemplare derselben Frucht darunter (sie enthalten mehr Pektin). Aus überreifen Früchten wird flüssige Marmelade.

Wenn Sie Früchte mit geringem Pektingehalt verarbeiten, geben Sie Holzäpfel, Rote Johannisbeeren oder andere Früchte mit höherem Pektingehalt dazu – oder selbst gemachtes Pektin oder Zitronensaft. Gelierzucker geht schneller, ist aber auch teurer.

Wenn Sie sich für kommerzielles Pektin oder Gelierzucker entschieden haben, halten Sie sich genau an die Herstellerangaben. Warum diese sich im Detail unterscheiden, weiß ich nicht – halten Sie sich einfach daran. Falls Sie das ärgert, machen Sie Ihr Pektin selbst (siehe S. 130).

Testen Sie zur Sicherheit den Pektingehalt der Früchte (siehe S. 132).

Kochen Sie Marmelade nicht im Eisentopf ein; Eisen reagiert mit der Fruchtsäure: Investieren Sie in einen Marmeladentopf!

SO GEHT'S: MARMELADE EINKOCHEN

1) FRÜCHTE KOCHEN. Die Früchte werden 5–45 Minuten in simmerndem Wasser (knapp unter dem Siedepunkt) gekocht, bis sie weich sind – „langsam und niedrig" heißt die Devise, um die Pektinketten aufzubrechen. Jetzt darf das Wasser keinesfalls sprudelnd kochen.

2) ZUCKER ZUGEBEN. Das Mischungsverhältnis sollte bei 60–65 Gewichtsprozent Zucker und 40 Gewichtsprozent Früchten liegen. Weniger Zucker bedeutet Gärung und die Marmelade landet dann auf dem Kompost. Zu viel Zucker kristallisiert aus. Wenn Sie den Zucker bei sehr kleiner Hitze im Backofen vorwärmen, löst er sich schneller auf und die Farbe wird intensiver.

3) KOCHEN BIS ZUM GELIERPUNKT. Sobald sich der Zucker gelöst hat, bringen Sie die Mischung zum Kochen (möglichst ohne viel zu rühren). Sprudelnd kochen lassen, bis nach etwa 20 Minuten der Gelierpunkt erreicht wird (längeres Kochen würde die Pektinketten zerstören).
Der Gelierpunkt wird mit einem Kochlöffel oder einer Untertasse überprüft (siehe S. 140).

4) ABSCHÖPFEN UND IN GLÄSER FÜLLEN
Nehmen Sie den Topf vom Herd und schöpfen Schaum und grobe Teilchen von der Oberfläche ab (für die kleine Stärkung zwischendurch; legen Sie Brot und Butter bereit). Gründlich durchrühren, damit sich die Fruchtstücke gleichmäßig verteilen. Für das Einfüllen ist ein Marmeladentrichter sehr hilfreich. Füllen Sie die warmen, sterilisierten Gläser bis 1–2 cm unter den Rand. Marmelade zieht sich mit dem Alter etwas zusammen, also keinen Platz verschwenden. Außerdem verderben unvollständig gefüllte Gläser schneller, weil dort schädliche Mikroorganismen mehr Angriffspunkte finden.

5) VERSIEGELN, BESCHRIFTEN UND LAGERN
Decken Sie die Oberfläche mit einer Wachsscheibe ab (Wachsseite nach unten). Sollte sich Schimmel ansiedeln, dann auf der Oberfläche der Scheibe und nicht auf der Marmelade. Deckel zuschrauben, Glas beschriften und an einen kühlen, dunklen Ort stellen.
Denken Sie daran: Entscheidend für die Konservierung ist der Zucker. Wenn Sie vom Rezept abweichen und weniger Zucker pro Fruchtanteil nehmen (vielleicht, weil Sie das Wiegen vergessen haben), gehört das Glas in den Kühlschrank und muss rasch verzehrt werden.

ÜBER GELEE

Nur ein klares Gelee ist ein gutes Gelee. Sie sind wie bunte Fenster in der Welt der Konserven. Für eine klare, reine Farbe muss der Saft durchtropfen und darf nicht ausgepresst werden. Sie können ein professionelles Seihtuch, einen Kopfkissenbezug oder Musselinstoff nehmen, einen Beutel daraus machen und die Masse einfüllen.

Dafür gibt es spezielle Ständer, aber ich komme gut ohne aus, also nicht gleich losrennen und einen kaufen – improvisieren Sie. Ich hänge mein Tuch an einer Bambusstange zwischen Stuhl und Sideboard auf. Das Tuch muss nach jeder Benutzung ausgekocht werden. Der Stoff wird auch beim Bügeln mit heißem Bügeleisen sterilisiert.

SO GEHT'S: GELEE EINKOCHEN

1) FRÜCHTE ZU EINER BREIIGEN MASSE ZERKOCHEN. Je nach Fruchtsorte kann dieser Schritt bis zu einer Stunde dauern (simmern, nicht kochen). Wahrscheinlich werden Sie etwas Wasser zugeben müssen, aber nie so viel, dass der Fruchtgeschmack verwässert wird.

2) FRÜCHTE ABSEIHEN. Schütten Sie die Masse vorsichtig in das Seihtuch. Die Mischung ist sehr heiß und spritzt. Am einfachsten geht es, wenn Sie die Masse zunächst in einen weiten Krug und daraus in den Tuchsack gießen. Versuchen Sie nicht (niemals!) den Sack auszupressen; das Gelee wird sonst trüb. In der Regel dauert es 1–10 Stunden, bis die Flüssigkeit vollständig durchgetropft ist; ich lasse den Sack gewöhnlich über Nacht hängen. Aus der restlichen Masse können Sie Mus, *Fruit Cheese* oder Fruchtleder kochen (siehe S. 66), allerdings müssen Sie zunächst vorhandene Kerne aussieben.

3) SAFT KOCHEN UND ZUCKERN. Lassen Sie den durchgetropften Saft eine Stunde lang stehen, bevor Sie loslegen. Gießen Sie den Saft in einen sauberen Topf; zum Kochen bringen und den Zucker einrühren (erst, wenn der Saft kocht). Sollte Ihnen der Saft zu dünn vorkommen, kochen Sie ihn noch etwas ein, bevor Sie den Zucker zugeben.

Die Zuckermenge richtet sich nach dem Pektingehalt der Früchte (siehe S. 132). Bei hohem Pektingehalt brauchen Sie 1 kg Zucker pro Liter, bei niedrigem Pektingehalt 600 g Zucker pro Liter.

4) KOCHEN BIS ZUM GELIERPUNKT. Kochen Sie das Gelee etwa 10 Minuten lang, dann machen Sie einen Geliertest, ohne vorher umzurühren (je länger Saft und Zucker kochen, desto dunkler wird das Gelee).

5) ABSCHÖPFEN UND IN GLÄSER FÜLLEN Nehmen Sie den Topf vom Herd; Schaum und grobe Teilchen von der Oberfläche abschöpfen. Gießen Sie das Gelee sofort in saubere, warme, sterilisierte Gläser. Wenn die Masse zu lange im Topf bleibt, beginnt sie zu gelieren und ruiniert die Konsistenz des Gelees – Schnelligkeit ist hier alles. Halten Sie die Gläser möglichst schräg und füllen Sie das Gelee ein, sodass keine Luftblasen eingeschlossen werden. Sorgfältig mit einer Wachsscheibe abdecken und Deckel zuschrauben.

Lassen Sie die Gläser stehen, bis die Masse vollständig geliert ist; auf diese Weise kommen keine Luftblasen ins Gelee (nachteilig für die Lagerzeit).

ÜBER FRUIT CHEESE

Beim Einkochen von Gelee bleibt die Fruchtmasse übrig. Daraus können Sie Mus und *Fruit Cheese* herstellen – very britisch. Der Fruchtkäse schmeckt besser, wenn er sich eine Woche lang setzen darf. Mus hält sich nicht so lange – es muss rasch verzehrt werden. Mus eignet sich sehr gut, um ein Müsli zu süßen. Mit Gewürzen, Fruchtsäften oder Apfelwein wird das Aroma abwechslungsreicher.

FRUIT CHEESE AUS GANZEN FRÜCHTEN

1) FRÜCHTE KOCHEN. Schneiden Sie die Früchte in kleine Stücke. In einem Topf mit der halben Menge Wasser, Fruchtsaft oder Apfelwein übergießen. Simmern lassen, bis die Früchte weich sind.

2) PASSIEREN. Passieren Sie die gekochten Früchte durch ein Sieb oder eine Flotte Lotte. Sie können auch einen Mixer oder Pürierstab benutzen (wenn Sie die Masse aus der Geleezubereitung nutzen, brauchen Sie nur die Kerne und Haut mit einem Standsieb oder der Flotten Lotte zu entfernen, dann gehen Sie zum nächsten Schritt über).

3) ZUCKER ZUFÜGEN. Schütten Sie das Püree in einen Topf. Wenn es zu dünn aussieht, wird die Masse bei kleiner Hitze (simmern) noch etwas eingedickt. Geben Sie je 1 kg Frucht 1 kg Zucker dazu. Wenn Ihnen weniger Zucker (750 g auf 1 kg Frucht) lieber ist, muss die Mischung länger bis zum Gelierpunkt kochen und ist nicht lange lagerfähig.

4) KOCHEN BIS ZUM EINDICKEN. Kochen Sie die Masse etwa eine Stunde lang, bis sie steif wird. Rühren Sie regelmäßig um, damit die Fruchtmasse nicht ansetzt und verbrennt. Der *Fruit Cheese* ist fertig, wenn Sie mit dem Löffel eine Linie auf dem Boden des Topfes ziehen können, die nicht verläuft.

5) IN GLÄSER FÜLLEN UND VERSIEGELN. Da der *Fruit Cheese* als geschnittene Scheiben serviert wird, sollten Sie ein Gefäß nehmen, das Sie umstülpen können: Teetassen, weite Gläser („Sturzgläser") und andere kleine Behälter sind geeignet. Gießen Sie zum Versiegeln flüssiges Wachs (lebensmittelecht) auf die Oberfläche. Ich muss allerdings zugeben, dass ich dazu zu faul bin: Ich fülle den *Fruit Cheese* in Marmeladengläser mit Schraubverschluss und lege eine Wachsscheibe darauf.

1) FRUCHTPÜREE MIT ZUCKER EINKOCHEN

Das beste Ausgangsmaterial ist das Fruchtpüree, das beim Seihen von Gelee im Tuch zurückbleibt. Wiegen Sie diese Masse ab und geben Sie die Hälfte an Zucker dazu – also 250 g Zucker auf 500 g Fruchtmasse.

Erhitzen Sie Masse, Zucker und Gewürze in einem großen Topf, bis sich der Zucker aufgelöst hat. Zum Kochen bringen und reduzieren, bis ein dickes Mus ohne flüssige Bestandteile entsteht.

2) IN GLÄSER FÜLLEN UND VERSCHLIESSEN

Gießen Sie das Mus in saubere, heiße Gläser; verschließen. Wenn Sie das Mus nicht sofort verbrauchen, sondern länger lagern möchten, sollten Sie es im Wasserbad kochen. In diesem Fall füllen Sie das Mus bis 5 cm unter den Rand auf und kochen Sie die Gläser 15 Minuten lang.

Wenn Sie das Mus sofort verzehren möchten, füllen Sie die Gläser bis 1 cm unter den Rand, schrauben den Deckel zu und stellen Sie das Glas für fünf Minuten auf den Kopf; danach umdrehen und abkühlen lassen. Der Sinn dieser Aktion liegt darin, dass das kochend heiße Mus die Mikroorganismen abtötet und dann beim Abkühlen ein Vakuum entsteht. Diese Methode ist allerdings umstritten. Viele halten das Vakuum für unzureichend und fürchten, dass sich in der Luft Schimmel unter dem Deckel ansiedeln könnte. Immerhin hält sich das Mus damit länger als für ein paar Wochen; ich würde allerdings auch keine absolute Sicherheit garantieren.

Gläser sterilisieren

Die vermutlich einfachste Methode, um Gläser zu sterilisieren, ist ein Durchlauf in der Geschirrspülmaschine ohne Spülmittel. Wenn es nur um ein paar Gläser geht oder Sie keine Geschirrspülmaschine besitzen, reinigen Sie die Gläser in Seifenlauge, gut ausspülen und in einem großen Topf bei 100°C für 10 Minuten auskochen. Sie können auch den Backofen auf 180 °C (Gas Stufe 4) vorheizen, die Gläser auf ein Backblech mit dicker Lage Zeitungspapier stellen (die Gläser dürfen sich nicht berühren) und 20 Minuten backen. Die sterilisierten Gläser lasse ich im Backofen stehen, um sie warmzuhalten. Außerdem sterilisiere ich immer mehr Gläser, als ich tatsächlich brauche, um auf Unfälle (Verschütten, Bruch usw.) vorbereitet zu sein.

Sterilisieren Sie die Deckel niemals im Backofen, weil die Gummiringe schmelzen würden – sie werden ausgekocht.

GLÄSER FÜLLEN. Füllen Sie niemals kalte Produkte in warme Gläser oder umgekehrt. Schöpfen Sie heiße Marmelade/Gelee/Mus in die heißen Gläser und legen Sie eine Wachsscheibe auf; Deckel zuschrauben und etwas abkühlen lassen. Nach 15 Minuten dürfen Sie die Deckel fest zuschrauben. Bevor die Gläser an einem kühlen, dunklen Ort gelagert werden, müssen sie vollständig erkaltet sein.

WIE VIELE GLÄSER? In einigen Rezepten fehlt eine Angabe über die Zahl der benötigten Gläser. Das dürfte eine Menge über mich und meine Vorliebe für allerlei merkwürdige Gläser aussagen. Es sagt aber auch viel über die Kunst des Marmelademachens aus. Das Alter der Früchte, die Menge der Flüssigkeit, die Dauer des Einkochens beeinflussen die Menge des Endproduktes. Für die Liebhaber von Genauigkeit hier zumindest eine Faustregel: Wenn Früchte und Zucker dasselbe Gewicht haben, multiplizieren Sie die Menge des Zuckers mit 10 und teilen das Ergebnis durch 6.

Der Gelierpunkt

Der Gelierpunkt bezeichnet den magischen Moment, wenn die Marmelade fest wird und nicht mehr läuft. Im Topf lässt er sich keinesfalls ermitteln – Sie müssen testen.

DER LÖFFEL-TEST gehört zu den sichersten Methoden, erfordert aber eine gewisse Erfahrung: Tauchen Sie einen hölzernen Kochlöffel in die kochende Masse, nehmen Sie etwas Marmelade auf und drehen den Löffel auf die Seite. Achten Sie darauf, wie sich die abkühlende Marmelade verhält. Wenn die Marmelade gelartig über den Löffel läuft, ist der perfekte Gelierpunkt erreicht. Wenn die Marmelade an der Löffelkante langsam abtropft, ist die Marmelade weicher geraten. Mit etwas Erfahrung können Sie den Zustand direkt ablesen. Bis dahin halten Sie sich an den nächsten Test.

DER TELLER-TEST ist besonders gut für Anfänger geeignet. Stellen Sie drei bis vier Untertassen oder kleine Teller in den Kühlschrank (Gefrierfach, falls Platz darin ist). Um den Zustand zu testen, löffeln Sie einen halben Teelöffel der heißen Masse auf den kalten Teller; kurz abkühlen lassen. Wenn sich eine Haut bildet und sich die Marmelade mit dem Finger zu Wellen zusammenschieben lässt, ist der Gelierpunkt erreicht. Wenn Sie mit dem Finger eine glatte „Straße" durchziehen können, muss die Marmelade noch einige Minuten kochen. Wenn Sie zu viel Marmelade oder einen warmen Teller nehmen, geht zu viel kostbare Zeit verloren.

DER TEMPERATUR-TEST. Wenn alle Stricke reißen, bleibt Ihnen immer noch ein Thermometer (nur spezielle „Zucker-" oder „Marmelade-Thermometer" halten diese hohen Temperaturen aus). Rühren Sie vor dem Messen kräftig um. Bei 110 °C geliert die Marmelade.

STACHELBEER-HOLUNDERBLÜTEN-MARMELADE

Inspiriert durch Particular Delights *von Nathalie Hambro*

- 800 g Kristallzucker
- 1 kg Stachelbeeren
- 500 ml Wasser
- 5 Holunderdolden in einem Musselinsäckchen
  (außerhalb der Blütezeit 4 EL Holunder-
  blütenkonzentrat)
- Sterilisierte Gläser mit Deckel (siehe S. 138); die
  Anzahl richtet sich nach dem Volumen der
  Gläser; rechnen Sie mit 1,4 kg Marmelade

Backofen auf 100 °C vorheizen. Zucker in einer ofenfesten Form vorwärmen, bis er sich heiß anfühlt und
glitzert (erhitzter Zucker löst sich besser auf; die Stachelbeeren können also kürzer gekocht werden und
behalten eher ihre Form).

Schneiden Sie in der Zwischenzeit Blütenreste und
Stiele der Stachelbeeren ab. In einem Marmeladentopf mit Wasser und Holunderblüten (oder dem Konzentrat) erhitzen, bis die Beeren weich werden. Geben
Sie den heißen Zucker dazu, einmal umrühren, damit
er sich löst; nicht ständig rühren, sonst zerfallen die
Beeren. Zum Kochen bringen und 20–30 Minuten bis
zum Gelierpunkt sanft kochen lassen (testen Sie mit der
Teller-Methode; siehe S. 140).

Lassen Sie die Konfitüre etwas erkalten, bevor Sie
den Schaum abschöpfen (kann viel sein). Gießen Sie
die Marmelade in warme, sterilisierte Gläser; Wachsscheiben auflegen und Deckel zuschrauben. Nathalie
Hambro empfiehlt diese Marmelade auf gebutterten
Croissants.

RHABARBER-INGWER-MARMELADE

Dieses Rezept taucht regelmäßig in alten Kochbüchern auf. Ich habe es mit Zimt und ein wenig Apfelsinensaft etwas modifiziert.

2 kg Rhabarber, in 2 cm lange Stücke geschnitten
1,75–2 kg hellbrauner Zucker
100 g kandierter Ingwer, fein gehackt
    (alternativ auch mit frischem Ingwer,
    dann brauchen Sie etwas mehr Zucker)
225 ml Orangensaft
1 kleine Zimtstange
Saft von 2 Zitronen (oder 1 gestrichener TL
    Zitronensäure)
Sterilisierte Gläser mit Deckel (siehe S.138);
    die Anzahl richtet sich nach dem Volumen
    der Gläser

Waschen und trocknen Sie die Rhabarberstücke. Mit dem Zucker schichtweise in eine nicht-reagierende Schüssel legen und mit einem Geschirrtuch abdecken; über Nacht an einem kühlen Platz mazerieren lassen. Am nächsten Morgen müsste der Zucker weitgehend aufgelöst sein und der Rhabarber im eigenen Saft schwimmen.

Schütten Sie alles in einen Marmeladentopf und geben Sie den Ingwer, Orangensaft, die Zimtstange und den Zitronensaft (oder Zitronensäure) dazu. Unter Umrühren langsam bis zum Kochen erhitzen. Sprudelnd kochen, bis der Rhabarber weich ist; nach etwa 30 Minuten sollte der Gelierpunkt erreicht sein (siehe S. 140). In warme, sterilisierte Gläser füllen und verschließen.

RHABARBER-HOLUNDERBLÜTEN-MARMELADE

Das Aroma dieser Marmelade ist für mich der Inbegriff des Junis. Ich halte es für das Beste, wenn Sie nicht hetzen – ich lasse die Holunderblüten 24 Stunden lang ziehen. Dann kommt das zarte Aroma am besten zur Geltung.

450 g Rhabarber, in 2 cm lange Stücke geschnitten
5 große Holunderdolden in einem Musselinsäckchen
450 g unraffinierter Rohrzucker (möglichst mit einer
    Vanilleschote aromatisiert)
Saft einer Zitrone
Sterilisierte Gläser mit Deckel (siehe S.138);
    die Anzahl richtet sich nach dem Volumen
    der Gläser

Waschen und trocknen Sie die Rhabarberstücke. Mit Holunderblüten und Zucker in eine große, nicht-reagierende Schüssel legen und mit einem Geschirrtuch abdecken; 24 Stunden lang an einem warmen Platz mazerieren lassen. Am nächsten Tag müsste der Rhabarber im Sirup schwimmen.

Schütten Sie alles in einen Marmeladentopf und geben Sie den Zitronensaft dazu. Bei kleiner Hitze etwa 30 Minuten simmern lassen, bis der Rhabarber weich ist, aber noch nicht völlig zerfällt. Danach zum Kochen bringen, bis nach 10 Minuten der Gelierpunkt erreicht wird. Ich strebe eine eher weiche statt feste Konsistenz an. Sie harmoniert besser mit den zarten Aromen und löst sich leichter im Joghurt auf. In warme, sterilisierte Gläser füllen und verschließen.

ERDBEEREN KONSERVIEREN

Dieses Rezept braucht ziemlich lange. Aber Sie können die Zubereitung so perfekt einplanen, dass Sie bereits jeweils vor dem Frühstück damit fertig sind. Die Besonderheit bei diesem Marmeladerezept ist, dass die Erdbeeren ganz bleiben und sich lange mit Saft vollsaugen können – nicht für eine lange Lagerung geeignet.

Wem das zu lange dauert, schneidet die Erdbeeren wie gewöhnlich in kleine Stücke und kocht mit Zitronensaft und Zucker daraus eine herkömmliche Marmelade.

1 kg große Erdbeeren
1 kg unraffinierter Rohrzucker
Saft einer Zitrone
Sterilisierte Gläser mit Deckel (siehe S. 138);
    die Anzahl richtet sich nach dem Volumen
    der Gläser

Schichten Sie die Erdbeeren lagenweise mit Zucker in einen großen, breiten Topf; 24 Stunden mazerieren lassen. Am nächsten Tag sollten die Erdbeeren im eigenen Saft schwimmen. Gießen Sie alles in einen Marmeladentopf; zum Kochen bringen und sanft fünf Minuten köcheln lassen. Mit einem Geschirrtuch abdecken und weitere 24 Stunden ziehen lassen (wenn es nötig ist, bis drei Tage lang).

Geben Sie am nächsten Tag den Zitronensaft dazu und bringen Sie die Erdbeeren zum Kochen; bei großer Hitze etwa 20 Minuten bis zum Gelierpunkt kochen (siehe S. 140). Damit nicht alle Erdbeeren an der Oberfläche schwimmen, lassen Sie die Marmelade etwas abkühlen, bis sich eine Haut auf der Oberfläche bildet; dann langsam in warme, sterilisierte Gläser füllen und verschließen.

GEWÜRZE UND AROMEN. Für eine größere Geschmacksvielfalt lassen sich kleinere Mengen Marmeladen mit unterschiedlichen Zusätzen aromatisieren (beispielsweise Erdbeer-Marmelade mit Duft-Pelargonien, Minze oder schwarzem Pfeffer). Diese Methode zahlt sich vor allem aus, wenn Sie wissen, was Sie wollen, oder wenn Sie keine Lust haben, Regale mit immer denselben Geschmacksnoten zu füllen.

Heizen Sie dazu den Backofen auf 140 °C vor (Gas Stufe 2) und erwärmen Sie den Zucker 15 Minuten lang; er sollte sich heiß anfühlen. In der Zwischenzeit bereiten Sie die Früchte vor und geben sie in den Marmeladentopf. Schütten Sie den heißen Zucker darüber; leicht simmern lassen und durch Umrühren auflösen. Sobald sich der Zucker aufgelöst hat, nehmen Sie den Topf vom Herd und lassen die Früchte über Nacht im ungeheizten Backofen mazerieren. Am nächsten Morgen entnehmen Sie kleine Mengen (für ein paar Gläser); würzen und bis zum Gelierpunkt einkochen.

WALDERDBEER-MARMELADE

Diese Marmelade ist himmlisch, aber es ist praktisch unmöglich, 500 g Walderdbeeren auf einmal zu sammeln (es sei denn, Sie wohnen an einem Wald voller Erdbeeren). Also sammeln Sie kleine Mengen, frieren sie ein und freuen sich auf die Marmelade, die Sie am Ende des Sommers machen werden. Sie ist leider zu flüssig und wird immer flüssiger, kann also nicht lange aufbewahrt werden.

500 g Walderdbeeren
750 g Rohrzucker
Saft ½ Zitrone
Sterilisierte Gläser mit Deckel (siehe S. 138);
    die Anzahl richtet sich nach dem Volumen
    der Gläser

Füllen Sie die Erdbeeren in eine Schüssel; Zucker vorsichtig einrühren. Die Schüssel muss mehrere Stunden an einem warmen Ort stehen bleiben, bis rosa Saft austritt. Gießen Sie alles in den Marmeladentopf und bringen Sie die Mischung zum Kochen, bis sich der Zucker auflöst; 10 Minuten kochen (nicht zu lange, sonst zerfallen die Erdbeeren). In warme, sterilisierte Gläser füllen und verschließen. Diese Marmelade geliert nicht gut, leben Sie mit der Konsistenz – eingerührt in Quark oder flüssig auf Butter.

PFLAUMEN-KARDAMOM-VANILLE-MARMELADE

2 kg Pflaumen

Eine großzügige Handvoll weicher, dunkel-
  brauner Zucker

2 kg hellbrauner Zucker

1 Vanilleschote, aufgeschnitten

1 TL Kardamomsamen, fein gemahlen (optional)

Saft von 2 Zitronen

Sterilisierte Gläser mit Deckel (siehe S. 138);
  die Anzahl richtet sich nach dem Volumen
  der Gläser

Heizen Sie den Backofen auf 140 °C vor (Gas Stufe 2).
Pflaumen halbieren und den Stein entfernen. Legen Sie
die Pflaumen mit der Hautseite nach unten auf ein Backblech und streuen Sie den dunkelbraunen Zucker darüber; 40 Minuten lang backen lassen. Kontrollieren Sie
regelmäßig; die Pflaumen dürfen nicht verbrennen.

Schichten Sie die Pflaumen in einen großen Topf mit
dem hellbraunen Zucker; legen Sie die Vanilleschote
dazwischen. Die Pflaumen müssen mindestens drei
Stunden, besser über Nacht, mazerieren. Wenn Ihre Zeit
knapp ist, lassen Sie diesen Schritt aus, aber ich glaube,
gerade er macht das Wesen dieser Marmelade aus. Die
Pflaumen werden so nicht zu einer klebrigen Masse,
sondern schön weich und behalten ihre Form.

Schütten Sie die Pflaumen in den Marmeladentopf
und geben Sie Kardamom (wenn Sie mögen) und Zitronensaft dazu. Langsam zum Kochen bringen und
den Zucker unter Rühren auflösen, dann 20 Minuten
bei großer Hitze kochen, bis die Marmelade dick wird
und geliert (siehe S. 140). Etwas abkühlen lassen, den
Schaum abschöpfen und in warme, sterilisierte Gläser
füllen; verschließen.

FRUIT CHEESE AUS DAMASZENERPFLAUMEN

*Füllen Sie diesen Fruchtkäse in kleine Gläser mit weiter
Öffnung. Sie werden umgestülpt und der* Fruit Cheese *mit
Käse, Fleisch oder als ungewöhnliches Dessert mit einem
ordentlichen Klecks Schlagsahne und einem Schuss Portwein
serviert. Der Fruchtkäse sollte eine intensive, samtig-pur-
purne Farbe haben. Die besten Früchte liefern alte, knorrige
Pflaumenbäume; sie sind zwar kleiner als Kulturpflaumen,
aber viel besser zum Einkochen geeignet.*

1 kg Damaszenerpflaumen

100 ml Wasser

Etwa 1 kg Kristallzucker

Sterilisierte Gläser mit Deckel (siehe S. 138);
  die Anzahl richtet sich nach dem Volumen
  der Gläser

Heizen Sie den Backofen auf 140 °C vor (Gas Stufe 2).
Füllen Sie Pflaumen und Wasser in eine große Bratenform; 30 Minuten dünsten, bis sich die Steine lockern
und der Fruchtsaft austritt. Etwas abkühlen lassen und
durch ein Nylonsieb streichen; drücken Sie die Fruchtmasse mit einem Holzlöffel durch die Maschen. Knacken
Sie einige Steine auf und entnehmen Sie die Kerne; zur
Masse geben (sie verleihen dem Käse einen köstlichen
Mandelgeschmack).

Um die nötige Zuckermenge zu bestimmen, wird die
Fruchtmasse abgewogen; wiegen Sie dieselbe Menge
Zucker ab. Stellen Sie den Zucker in einer ofenfesten
Schüssel in den noch warmen Backofen, bis er sich heiß
anfühlt und glitzert.

Erhitzen Sie die Fruchtmasse und den heißen Zucker
im Marmeladentopf, bis sich der Zucker unter ständigem
Rühren aufgelöst hat; simmern lassen, bis der *Fruit Cheese*
eingedickt ist. Er ist fertig, wenn Sie mit dem Löffel eine
Linie auf dem Topfboden ziehen können, die nicht wieder
verläuft. Gießen Sie die Masse in warme, sterilisierte
Sturzgläser und rühren Sie mit einem sauberen Grillspieß
oder Essstäbchen die Luftblasen heraus. Zuschrauben,
beschriften und wie Marmelade aufbewahren.

HIMBEER-MARMELADE

Ich liebe unverfälschte Marmeladen und dies hier die ein-
fachste Methode, die ich kenne. Das Rezept kann an belie-
bige Mengen angepasst werden – von einem Schälchen bis zu
Eimern voller Himbeeren.

Himbeeren
Zucker
Sterilisierte Gläser mit Deckel (siehe S. 138);
    die Anzahl richtet sich nach dem Volumen
      der Gläser

Wiegen Sie die Himbeeren ab; sie kommen mit derselben Menge Zucker in eine Schüssel, bis die Säfte
austreten.

Bringen Sie die Himbeeren in einem Marmeladentopf
unter Rühren langsam zum Kochen, bis sich der Zucker
löst. Dann bei großer Hitze etwa fünf Minuten lang
kochen, bis der Gelierpunkt erreicht wird. Füllen Sie die
Marmelade in warme, sterilisierte Gläser, beschriften
und aufbewahren.

HIMBEER-MARMELADE OHNE ZUCKER

Wenn Sie auf raffinierten Zucker verzichten möchten, süßen
Sie einfach mit Honig oder Fruchtkonzentrat (ich nehme am
liebsten Apfelsaftkonzentrat). Marmelade ohne Zucker hat
einen ganz besonderen Geschmack, ist allerdings oft flüs-
siger, eher wie Fruchtaufstrich oder Kompott. Mit Gelatine
oder Agar Agar wird sie fester. Agar Agar (in Reformhäusern
oder Asia-Läden) ist ein starkes Geliermittel, das nur wenig
Hitze braucht; nicht zu lange kochen. Allerdings wird eine
weiche Konfitüre auch mit Agar Agar nicht wirklich fest, son-
dern eher wie ein Gelee.

Marmeladen ohne Zucker sind nicht besonders lange
haltbar (außer im Gefrierfach). Sind die Gläser geöffnet,
müssen sie im Kühlschrank aufbewahrt werden; das gilt
besonders für die Zubereitung mit Fruchtkonzentrat. Da nie-
mand dieser Marmelade widerstehen kann, wird sie ohnehin
rasch aufgebraucht sein.

Die Marmelade nach dieser Rezeptur ist nur etwa drei bis
vier Wochen im Kühlschrank haltbar, also besser nur kleine
Mengen herstellen.

Himbeeren
Apfelsaftkonzentrat
Zitronensaft
Agar Agar (nach Herstellerangaben;
    meist 1 TL auf 250 ml Flüssigkeit)
Sterilisierte Gläser mit Deckel (siehe S. 138);
    die Anzahl richtet sich nach dem Volumen
      der Gläser

Waschen Sie die Himbeeren vorsichtig unter fließendem
Wasser; in einen Topf mit schwerem Boden füllen.
Geben Sie Apfelsaftkonzentrat nach Geschmack dazu
(bis etwa ein Drittel des Gesamtvolumens). Zum Kochen
bringen und fünf Minuten kochen; jetzt können Sie den
Zitronensaft dazugeben. Kochen Sie unter Rühren weitere fünf Minuten und geben Sie Agar Agar dazu; noch
etwa eine Minute kochen, bis die Masse deutlich geliert.
Herd ausschalten und die Marmelade in saubere, sterilisierte Gläser füllen. Heben Sie die Marmelade im Kühlschrank auf. Im Gefrierfach hält sie sich länger; füllen
Sie dann nur etwa drei Viertel des Volumens auf, damit
sich die Konfitüre ausdehnen kann.

ROTES JOHANNISBEER-GELEE

Ebereschenbeeren werden nach dem gleichen Rezept eingekocht.

900 g Rote Johannisbeeren
300 ml Wasser
Kristallzucker
Sterilisierte Gläser mit Deckel (siehe S. 138);
    die Anzahl richtet sich nach dem Volumen
    der Gläser

Beeren von den Stielen abstreifen und waschen. Die Früchte mit dem Wasser in einem Topf simmern, bis die Johannisbeeren weich sind. Die Beeren mit einem Kartoffelstampfer oder Löffelrücken zerdrücken.
Gießen Sie die Masse in ein Seihtuch oder einen sauberen, gebügelten Kissenbezug; über Nacht abtropfen lassen (wenn es schnell gehen muss oder Ihnen die Klarheit des Gelees nicht so wichtig ist, können Sie die Masse auch durchdrücken).
Messen Sie das Volumen des Saftes und geben Sie je 500 ml Saft 400 g Zucker dazu. Bei weniger Zucker hält sich das Gelee nur für längere Zeit, wenn Sie die Gläser fünf Minuten in einem sprudelnden Wasserbad kochen. Den Saft in einem Marmeladentopf zum Kochen bringen und den Zucker einrühren, bis er sich vollständig gelöst hat. Bei großer Hitze aufkochen, bis das Gelee erstarrt. Schaum abschöpfen und sofort in warme, sterilisierte Gläser füllen. Mit einer Wachsscheibe bedecken und zuschrauben.

Keine Fruchtmasse verschwenden!

Werfen Sie die Johannisbeerfruchtmasse nicht weg; daraus können Sie Fruchtleder herstellen (siehe S. 66). Drehen Sie sie durch eine Flotte Lotte, um Schalen* und Kerne zu entfernen und geben Sie je 200 g Frucht 55 g Zucker (oder Honig nach Geschmack) dazu. Auf Backpapier ausstreichen, in einen Dörrapparat oder den Backofen (70 °C) geben, bis sich die Masse trocken anfühlt.

* Mit den Schalen und Kernen können Sie Apfelessig aromatisieren. Werfen Sie alles in eine Flasche Essig und lassen Sie den Ansatz etwa eine Woche lang an einem dunklen, kühlen Ort ziehen. Dieser Essig eignet sich hervorragend zum Einlegen.

ZUCCHINI-MARMELADE MIT INGWER

Aus den Baby-Zucchini werden fast über Nacht große, dicke Zucchini. Man kann das Fleisch benutzen, um ein Chutney oder Relish aufzustocken oder Marmelade einzukochen. Während mir die meisten Zucchini-Marmeladen zu süß sind, gehört dieses Rezept nicht ohne Grund zu meinen Lieblingen. Mit Zimt oder Kardamom schmeckt es exotischer – geben Sie einfach eine Zimtstange oder ein paar zerdrückte Kardamomhülsen zu der Masse in das Musselinsäckchen. Die Marmelade wird mit dem Alter dunkler und besser. Öffnen Sie das erste Glas erst nach drei Monaten.

1 große Zucchini, etwa 2 kg; oder mehrere kleine
    mit demselben Gesamtgewicht
2 kg Kristallzucker
4 ungewachste Zitronen
Ein 5 cm langes Stück Ingwer, geschält und in
    Scheiben geschnitten
Sterilisierte Gläser mit Deckel (siehe S. 138); die
    Anzahl richtet sich nach dem Volumen der Gläser

Schälen Sie die Zucchini, entfernen Sie Kerne und holzige Stellen; in 2 cm große Stücke schneiden. Schichten Sie die Stücke mit dem Zucker in einen großen Topf und legen Sie ein Geschirrtuch darüber; 24 Stunden mazerieren lassen, dabei gelegentlich schütteln. In dieser Phase wird der Zucchini Flüssigkeit entzogen und die Stücke behalten in der Marmelade ihre Form.
Zitronen halbieren und Saft auspressen; beiseitestellen. Legen Sie die halben Zitronen, Kerne und Ingwer in ein Musselinsäckchen; zubinden. Schütten Sie die Zucchinistücke und den Saft in einen Marmeladentopf; Zitronensaft und Musselinsäckchen dazugeben. Langsam zum Kochen bringen und umrühren, bis sich der Zucker gelöst hat; etwa 30 Minuten simmern lassen, bis die Zucchini durchscheinend werden und die Marmelade geliert. Wenn Sie bei zu großer Hitze kochen, zerfallen die Stücke. Diese Marmelade sollte nicht zu hart werden – nicht zu lange kochen. Holen Sie das Musselinsäckchen heraus und lassen Sie die Marmelade erkalten, bis sich ein Häutchen bildet. Schöpfen Sie den Schaum ab und füllen Sie die Marmelade in warme, sterilisierte Gläser; zuschrauben und beschriften.

EINWECKEN

Irgendwann kommt der Moment, da reichen Marmeladen und eingelegtes Gemüse nicht mehr aus. Das ist der richtige Zeitpunkt, Eingewecktes auszuprobieren. Alles, was Sie dazu brauchen, ist ein sprudelnd kochender Topf mit Wasser, die kostbare Ernte in Einmachgläsern, ein Küchenwecker und ein wenig Geduld. Das Ergebnis: Regale voller Vorräte für ein ganzes Jahr. Da ich weder Platz noch Lust auf eine große Gefriertruhe habe, bedeuten Einmachgläser für mich die Freiheit, die konservierte Ernte weit über den Sommer hinaus genießen zu können. Von eingemachten Früchten für Kuchen über ganze Tomaten, Passata, Soßen, Salsas bis zu eingemachtem Fruchtaufstrich und Mus mit wenig oder gar keinem Zucker bieten sich viele Möglichkeiten.

Wenn die ersten Einmachgläser zum Abkühlen auf dem Regal stehen, überkommt mich immer eine Welle der Zufriedenheit. Falls Sie schon selbst gemachte Marmelade glücklich macht, dann freuen Sie sich auf Ihr erstes Einmachglas! Es ist eine fast religiöse Erfahrung, ein Schritt zur Selbstversorgung, eine Art Emanzipation von den Supermärkten .

Beim Einwecken hängt alles von einer guten Vorbereitung ab. Sobald die Gläser im Wasserbad stehen, können Sie nur noch abwarten – die Gläser dürfen nicht mehr viel bewegt werden. Die Produkte eines wirklich großen Gartens einzuwecken, kann in der Tat mehrere Tage dauern und braucht helfende Hände, um Gläser zu füllen und regelmäßig Nachschub für die kochenden Töpfe zu garantieren. Einwecken lohnt sich aber auch in kleinerem Maßstab mit den Produkten aus einem viel kleineren Garten. Es dauert nur ein paar Stunden, die reife Ernte in einige wenige Gläser einzuwecken.

SO FUNKTIONIERT DAS EINWECKEN

Es gibt zwei Möglichkeiten, Produkte in Gläsern einzu-wecken: im Wasserbad (Sterilisiertopf / Einwecktopf) oder im Dampfkochtopf. Das Wasserbad ist gut für Lebensmittel mit hohem Säuregehalt, der Dampfkoch-topf eignet sich besser für komplizierteres Einmachgut, wie Fleisch, Meeresfrüchte und Lebensmittel mit geringem Säuregehalt. Für die Rezepte in diesem Buch brauchen Sie keinen Dampfkochtopf.

Eingeweckte Produkte sind haltbar, weil sie erhitzt werden und im Vakuum lagern. Die Hitze tötet schäd-liche Mikroorganismen ab, die das Eingemachte unge-nießbar oder sogar gefährlich machen würden; gleich-zeitig wird ein Vakuum erzeugt. Der Gummiverschluss wirkt wie ein Siegel, das eine Kontamination aus der Außenluft verhindert. Das bedeutet aber auch, dass der Inhalt eines Glases nach dem Öffnen im Kühlschrank aufbewahrt und sofort verzehrt werden muss.

Je nach Säuregehalt des Inhalts werden die Gläser im Wasserbad untergetaucht und zwischen 10 und 80 Minuten in sprudelnd kochendem Wasser sterilisiert. Die Hitze des kochenden Wassers wird ins Innere des Glases geleitet, d. h. je größer ein Glas ist, desto länger muss es im kochenden Wasser stehen. Aus diesem Grund sollten Sie in einem Durchgang ausschließlich gleich große Gläser im Wasserbad kochen.

Das Wasserbad ist ideal für stark saure Produkte (pH-Werte 4,6 und niedriger), vor allem für Früchte wie Tomaten, eingelegtes Gemüse, Relish, gekochter, süßer Brotaufstrich und Mus (siehe S. 138) sowie Marmeladen mit wenig oder gar keinem Zucker. Wenn der Inhalt keine natürlichen Säuren enthält, müssen Zitronen-säure oder -saft zugegeben werden, um den pH-Wert zu senken.

In einigen alten Rezeptbüchern wird vorgeschlagen, die gefüllten Gläser im Backofen zu pasteurisieren, statt im Wasserbad zu kochen. Aus moderner Sicht ist diese Technik nicht sicher genug (Ausnahme ist die Sterilisierung offener, leerer Gläser), denn trockene Hitze überträgt sich nicht so gut auf den Inhalt der Gläser wie die Hitze des kochenden Wassers (außerdem besteht eine gewisse Gefahr, dass die Gläser platzen können). Genauso wenig funktioniert der Trick, die gerade gefüllten, noch heißen Gläser auf den Kopf zu stellen, um die Luft zu verdrängen und den Inhalt zu sterilisieren.

HYGIENE Die Hygiene ist das A und O bei dieser Methode. Unabhängig davon, wie heiß das Wasserbad ist, kommt es darauf an, so wenig Mikroorganismen wie möglich ins Glas zu lassen. Achten Sie darauf, dass alle Geräte peinlich sauber sind: Waschen Sie Ihre Hände und die Hilfsmittel, sterilisieren Sie die Gläser, Deckel und Gummiringe und achten Sie darauf, dass jeder Schritt genau durchgeführt wird. Dann besteht keine Gefahr.

Das Wasserbad

Traditionelle Behälter sind die blau emaillierten Töpfe – vielleicht finden Sie noch bei der Großmutter, im Keller oder auf dem Flohmarkt einen dieser alten Töpfe aus Aluminium zum Einwecken. Es gibt aber auch moderne (vollautomatische) Systeme zum Einkochen, bei denen die Heizung im Topf integriert ist. Für kleine Mengen reicht ein normaler, großer Kochtopf aus.

Ich nehme das Einkochen im Wasserbad sehr ernst. Also habe ich mir bei einem Besuch in den USA einen Einsatz für die Gläser besorgt, im Koffer mit nach England genommen und dann einen Topf für Großküchen gekauft, in den der Einsatz hineinpasst. Zugegeben, nicht die preiswerteste Lösung, aber sehr praktisch, weil mit dem Einsatz alle Gläser auf einmal eingesetzt und wieder herausgeholt werden können. So kann ich größere Mengen – Tomaten, Salsas – in einem Durchgang einmachen.

In der Regel fallen aber nur sehr kleine Mengen an, vielleicht pro Durchgang zwei bis drei Gläser. Wegen unserer verregneten Sommer in England ist meine Tomatenernte eher sporadisch und, wenn ich einen Korb mit Pflaumen oder Fallobst (Äpfel) geschenkt bekomme, lohnt es sich einfach nicht, meinen Riesentopf aufzuheizen. Dann improvisiere ich einfach. Ich habe mir einen sehr billigen, dünnen, großen Topf gekauft. Als Unterlage für die Gläser benutze ich einen Einsatz zum Dampfgaren. (Auch ein Tortenkühler aus Metall oder alte, zusammengebundene Schraubringe von Einmachgläsern erfüllen denselben Zweck.) Es kommt nur darauf an, dass die Gläser nicht direkt auf dem Topfboden stehen, sodass das Wasser frei zirkulieren kann, sonst platzen sie in der Hitze. Der Topf muss tief genug sein, sodass alle Gläser untergetaucht sind und oben noch genügend Platz für das sprudelnd kochende Wasser ist – für 1 l Gläser bedeutet das eine Höhe von 45 cm (Faustregel: Höhe des Glases plus 20 cm).

Die Gläser

Leider können Sie zum Einwecken keine alten Einweckgläser verwenden. Erstens ist das Glas meist so dünn, dass es in der Hitze zerplatzen würde, außerdem müssen Deckel und Gummi perfekt sitzen; ein „gebrauchter" Deckel ist ungeeignet.

Es gibt verschiedene Typen von Einmachgläsern: Die Gläser vom Mason-Typ haben einen Schraubverschluss, dessen Deckelscheibe jedes Mal neu eingesetzt wird (senkt die Kosten). Bei den Weck-Gläsern liegt der Glasdeckel auf einem Gummiring (ohne den schädlichen Bestandteil BPA) und wird mit einer Spannklammer befestigt. Aus Italien kommen die Gläser von Bormioli Quattro Stagioni, deren Schraubdeckel jedes Mal neu gekauft werden müssen. Da die Erstanschaffung der Gläser nicht billig ist, dürfte es Ihnen wahrscheinlich schwerfallen, ein Glas mit Eingemachtem zu verschenken und damit das Glas aus der Hand zu geben, vor allem, wenn Sie wissen, dass der Beschenkte das leere Glas in den Glascontainer werfen wird. Versuchen Sie einfach, Ihre Bekannten zu erziehen. Ich habe nichts dagegen, wenn meine Gläser wiederverwendet werden, aber daran zu denken, dass sie in der Tonne enden, bricht mir das Herz.

Unabhängig von dem Glastyp kommt es darauf an, dass der Deckel/die Gummiringe in Top-Zustand sind. Werfen Sie alles weg, was fehlerhaft aussieht (sonst bildet sich kein Vakuum). Alte Deckel sind immer noch gut genug für die Lagerung von getrockneten Produkten; markieren Sie solche Deckel mit einem X. Die Gläser mit Glasdeckel und Gummiringen werden durch Austausch der Gummiringe wieder wie neu. Die gebrauchten Schraubverschlüsse bei Gläsern vom Mason-Typ verwendet man am besten nur noch für Marmelade. Ich kann es nicht oft genug betonen: Der Inhalt eines Glases bleibt nur dann unter sicherem Vakuum, wenn alle Bestandteile in einem Top-Zustand sind.

Stellen Sie niemals kalte Gläser in kochendes Wasser (sie könnten zerspringen) oder Gläser mit kochend heißem Eingemachten in ein kaltes Wasserbad (auch sie zerspringen). Erwärmen Sie immer zuerst das Glas, dann wird der heiße Inhalt eingefüllt. Halten Sie sich genau an die Herstellerangaben, sie bestimmen, wie die Gläser behandelt werden müssen. Die Glastypen verschiedener Hersteller unterscheiden sich durchaus. Ein falscher Umgang mit ihnen kann zur Folge haben, dass der Inhalt verdirbt, wenn die Gläser längere Zeit aufbewahrt werden.

Wasserbad: Das Zubehör

Wasserbad (siehe S. 157)

Hitzebeständige Gläser mit Glas- oder Schraubdeckel (siehe S. 157)

Einmachtrichter mit weiter Öffnung, um die Gläser zu füllen

Glaszange mit gummibeschichteten Greifern, um die heißen Gläser aus dem kochenden Wasser herauszuholen. Sonst müssten sie im Wasser bleiben, bis es abgekühlt ist – dauert lange und ist unpraktisch, wenn Sie mehrmals hintereinander einkochen möchten.

Sauberes Geschirrtuch

Feuchtes, sauberes Tuch, um den Deckel der Gläser abzuwischen

Messlöffel

SO GEHT'S: EINWECKEN

1) GLÄSER WASCHEN UND STERILISIEREN

Das geht am einfachsten in der Geschirrspülmaschine. Alternativ können Sie das Glas mit der Hand waschen, an der Luft trocknen lassen und dann bei 180 °C (Gas Stufe 4) für 20 Minuten im Backofen sterilisieren. Holen Sie die Gläser mit Ofenhandschuhen heraus; auf einer hitzefesten Matte, Holzbrett oder zwei Lagen Geschirrtuch abstellen. Waschen Sie niemals Gummiringe oder Deckel in der Spülmaschine (verlieren ihre Stabilität!), sondern legen Sie beides in einen sauberen Topf und gießen Sie kochendes Wasser darüber.

2) ZUTATEN VORBEREITEN.
Alle Rezepte sind so konzipiert, dass die fertigen Inhalte heiß in die Gläser gefüllt werden – eine der sichersten Methoden. Außerdem müssen die Gläser nicht so lange im Wasserbad gekocht werden. (Sie werden das zu schätzen wissen, wenn Sie vor dem dampfenden Kessel warten.)

3) KOCHENDES WASSERBAD.
Sicher wäre es am einfachsten, alle Gläser in Reih und Glied hinzustellen und nach und nach zu befüllen. Allerdings könnten sich an der Luft dann schädliche Mikroorganismen an den Gläserwänden niederlassen, während die Gläser darauf warten, befüllt zu werden. Es ist sicherer, die Gläser schon ins Wasserbad zu stellen, während Sie den Inhalt vorbereiten.

Füllen Sie die warmen, sterilisierten Gläser mit heißem Wasser; ins kochende Wasserbad stellen und 10 Minuten lang sprudelnd kochen lassen. Die Deckel und Gummis liegen in einem zweiten Topf. Sobald die Zutaten fertig sind, nehmen Sie jeweils nur ein Glas heraus, schütten das Wasser aus, füllen es mit dem Inhalt (siehe S. 161) und legen/schrauben den Deckel auf – dann kommt das nächste an die Reihe.

4) GLÄSER FÜLLEN. Dieser Punkt ist besonders wichtig: Wie hoch soll das Glas gefüllt werden? Ein nur halbvolles Glas wäre eindeutig unsinnig (immerhin schon die halbe Miete) – es würde im Wasserbad schwimmen (nicht untertauchen) und enthielte viel zu viel gefährliche Luft. Andererseits wäre auch ein prallvolles Glas nicht richtig. Der Inhalt würde sich in der Hitze ausdehnen, blubbern wie ein Minivulkan und den Inhalt ins Wasser abgeben. Es macht wirklich keinen Spaß, den Topf wieder sauber zu kriegen, außerdem wäre das Vakuum nur sehr unvollkommen. Füllen Sie daher die Gläser bis 8–15 mm unter den Rand. Denken Sie daran, dass sich die Luft in größeren Meereshöhen stärker ausdehnt als auf Meereshöhe. Im Gebirge müssen Sie mehr Platz in den Gläsern lassen als am Meer. Die Obergrenze liegt in einem 1-Liter-Glas bei etwa 4,5 cm Luftschicht bis zum Deckel.

5) LUFTBLASEN AUSTREIBEN. Im nächsten Schritt müssen Sie die Luftblasen austreiben, die sich am Rand des Glases oder im Inhalt gebildet haben. Ich nehme ein sterilisiertes Essstäbchen, keinesfalls ein Messer – es könnte das Glas beschädigen. Stechen Sie die Gasblasen vorsichtig an, damit sie nach oben entweichen können. Gehen Sie vorsichtig vor, um nicht neue Luftblasen unterzurühren. In der Regel enthalten heiß eingefüllte Produkte nur wenige Luftblasen. Sie brauchen nur Blasen zu entfernen, die größer sind als 1 mm.

6) GLÄSER VERSCHLIESSEN. Wenn dann das Glas gefüllt ist (die richtige Füllhöhe beachten), wischen Sie mit einem feuchten Tuch über den Rand. Fischen Sie bei Mason-Gläsern erst den Deckel, dann den Schraubring aus dem heißen Wasser und schrauben ihn fest; bei Weckgläsern wird der Gummi aufgelegt, der Glasdeckel darauf gelegt und mit der/n Klammer/n fixiert. Der gesunde Menschenverstand sollte Ihnen sagen, dass Gummis und Deckel genau passend aufliegen müssen. Wenn Sie nur leicht verrutschen, schließen die Gläser nicht dicht. Ein Weckglas ist korrekt verschlossen, wenn die Lasche nach unten zeigt. Schrauben Sie Gläser mit Schraubverschluss fest, aber nicht zu fest zu, sonst kriegen Sie das Glas nie wieder auf. Stellen Sie das verschlossene Glas ins Wasserbad, dann holen Sie das nächste heraus.

7) DAS EINKOCHEN. Wenn alle Gläser im Wasserbad stehen, bringen Sie das Wasser zum sprudelnden Kochen; erst dann wird der Küchenwecker eingeschaltet. Es macht nichts aus, dass die ersten Gläser länger im Wasser standen als die letzten. Nur die Standdauer im sprudelnd kochenden Wasser zählt. Die Kochzeit richtet sich nach dem Rezept; sie hängt von der Größe des Glases und davon ab, ob der Inhalt püriert oder stückig ist. Wenn Sie in einem Landstrich über 1000 m Meereshöhe wohnen, muss die Kochzeit angepasst werden: Sieht das Rezept eine Kochzeit von 20 Minuten vor, verlängern Sie das sprudelnde Kochen je 300 m um eine Minute. Ist eine längere Kochzeit angegeben, geben Sie je 300 m zwei Minuten dazu.

8) GLÄSER ENTNEHMEN. Wenn die Einweckzeit erreicht ist, heben Sie den Deckel ab und lassen Sie alles fünf Minuten „sacken". Heben Sie die Gläser mit der Glaszange heraus (andernfalls müssen Sie abwarten, bis das Wasser abgekühlt ist). Die Wartezeit ist wichtig, damit sich das Vakuum bilden kann. Wenn Sie die Gläser zu früh bewegen, könnte Inhalt herausspritzen und die Versiegelung brechen. Stellen Sie die Gläser sehr vorsichtig auf eine doppelte Lage Geschirrtücher, ohne den Inhalt zu schütteln.

9) VERSIEGELUNG ÜBERPRÜFEN. Nachdem die Gläser eine Stunde lang abgekühlt sind, überprüfen Sie die Versiegelung. Bei den Schraubgläsern muss das Sicherheitssiegel in der Deckelmitte nach innen eingedrückt sein. Entfernen Sie die Klammer/n der Weckgläser und prüfen Sie, ob die Glasdeckel festsitzen. Markieren Sie alle Gläser, die nicht fest schließen mit einem X (sie kommen in den Kühlschrank und werden sofort verbraucht). Lassen Sie die anderen Gläser 12–14 Stunden stehen (über Nacht), dann werden sie beschriftet und gelagert, möglichst kühl bei etwa 10 °C und nicht dem direkten Sonnenlicht ausgesetzt.

APFELSOSSE

Ich könnte mir zwar vorstellen, auf Apfelsoße zu verzichten, vor allem, weil diese Soße nichts als Äpfel enthält, aber dieses Rezept ist anpassungsfähig. Die Soße aus Fallobst kann im Dezember mit Haferbrei serviert, in einen Kuchen verbacken, mit Schweinefleisch und Kohl gekocht, in eine Wintersuppe aus Kürbis oder Pastinaken gerührt, als Bindemittel in Fleischbällchen gebraten oder für Chutneys, Marmeladen oder Smoothies gebraucht werden... die Liste würde sehr lang (Apfelsoße dient mit etwas Pflanzenöl sogar als Butterersatz).

Am besten fahren Sie, wenn verschiedene Äpfel gemischt werden, ein paar Dessertäpfel mit einem oder zwei Kochäpfeln; ich gebe oft noch wilde rote Holzäpfel dazu, wegen der Farbe. Es macht übrigens nichts aus, dass alle unterschiedlich lange kochen müssen, bis sie weich sind – die Soße wird am Ende der Zubereitung püriert. Am einfachsten geht es, wenn Sie eine Flotte Lotte haben, dann sparen Sie sich das Schälen und müssen nur das Kerngehäuse ausschneiden. Es geht aber auch ohne: Äpfel schälen, entkernen und in Stücke schneiden; dann kochen, bis sie weich sind, und in einem Mixer pürieren (mit dem Kartoffelstampfer wird die Soße stückiger). Allerdings ergibt die Zubereitung ohne Flotte Lotte, über Schälen und Entkernen, weniger Soße.

Äpfel, möglichst eine Mischung aus Dessert- und Kochäpfeln – 2,7 kg Äpfel ergeben 2,2 l Soße
Zucker oder Honig nach Geschmack
Flotte Lotte
500 ml große Einmachgläser, die für das Wasserbad geeignet sind (siehe S. 157)

Entfernen Sie das Kerngehäuse und schneiden Sie die Äpfel in 2,5 cm dicke Scheiben. In einen Marmeladentopf geben und 2 cm hoch mit Wasser übergießen; Deckel aufsetzen und 30–50 Minuten lang simmern lassen, bis die Äpfel weich sind. Gelegentlich umrühren. Falls nötig, gießen Sie etwas Wasser nach, damit die Äpfel nicht ansetzen.

Während die Äpfel kochen, stellen Sie das Wasserbad an und füllen warmes Wasser in die sterilisierten Gläser; Gläser für 10 Minuten im Wasserbad sprudelnd kochen. Die Gummis und Deckel legen Sie in einen anderen Topf.

Verarbeiten Sie die Äpfel im Mixer oder der Flotten Lotte zu einem glatten Püree; mit Honig oder Zucker abschmecken. Je nach der Zuckermenge muss das Püree nochmals erhitzt werden, bis sich der Zucker löst.

Holen Sie die Gläser vorsichtig aus dem Wasserbad; in den Topf mit den Deckeln ausleeren und auf ein sauberes Geschirrtuch stellen. Füllen Sie das Apfelpüree bis 1,5 cm unter den Rand (siehe S. 161) in die heißen Gläser. Ränder der Gläser abwischen, die Deckel aus dem Wasser holen und passgenau auflegen. Den Schraubring fest, aber nicht zu fest anschrauben, sonst bekommen Sie ihn nie wieder auf. Jetzt kommen die Gläser ins Wasserbad; sie müssen vollkommen untertauchen. Temperatur hoch schalten und 20 Minuten sprudelnd kochen.

Nehmen Sie den Topfdeckel vom Wasserbad, warten Sie fünf Minuten ab, bis sich der Inhalt in den Gläsern gesetzt hat, und holen Sie die Gläser vorsichtig mit der Zange heraus. Für eine Stunde auf ein Geschirrtuch stellen, dann die Versiegelung überprüfen (siehe S. 161).

Lassen Sie die Gläser 12 Stunden stehen, bis sie völlig erkaltet sind (sehr wichtig, weil sonst die Versiegelung undicht wird). Beschriften und an einem kühlen (0–10 °C), dunklen Ort lagern. Das Apfelpüree hält sich etwa ein Jahr.

BROTAUFSTRICH OHNE ZUCKER

Es ist tatsächlich möglich, eine Fruchtmarmelade ganz ohne Zucker herzustellen. Ein genaues Rezept ist schwierig, denn alles hängt vom Wassergehalt der Früchte und ihrem natürlichen Fruchtzucker ab.

Am besten klappt dieses Rezept mit vollreifen Früchten mit viel natürlicher Süße. Trauben und Pflaumen sind ideal, vielleicht noch ein paar Johannisbeeren. Sie sorgen für etwas herberen Geschmack und die erforderliche Säure. Äpfel würde ich weglassen, weil sie zu Mus zerkochen.

Süße, reife Früchte Ihrer Wahl, z. B. Weintrauben,
    Birnen, Pflaumen
Zitronensaft (bei Birnen, die zu wenig Säure
    enthalten)
500 ml große Einmachgläser, die für das Wasserbad
    geeignet sind (siehe S. 157)

Früchte entsteinen, falls erforderlich, und in Stücke schneiden. Legen Sie die zerdrückten Früchte im Marmeladentopf 2 cm hoch aus, damit die Säfte austreten, dann geben Sie die übrigen Früchte dazu und bringen alles zum Kochen. Wenn sich zu wenig Saft entwickelt, gießen Sie etwas Wasser dazu (höchstens 100 ml auf 200 g Früchte). Simmern, bis die Früchte weich werden, dann durch ein Nylonsieb streichen, um Kerne, Schalen und Stiele zu entfernen. Die Fruchtmasse kommt zurück in den Topf, die Kerne in ein Musselinsäckchen (sie enthalten Pektin, damit die Marmelade geliert); das Säckchen wird mitgekocht. Kochen Sie die Marmelade bei sehr, sehr niedriger Hitze ein, bis sie fertig ist; umrühren, damit sie nicht am Boden festsetzt. Geben Sie pro 150 g Fruchtmasse einen Esslöffel frischen Zitronensaft dazu. Die Marmelade ist fertig, wenn sie nicht mehr von einem hölzernen Kochlöffel abtropft, sondern hängen bleibt und sich schließlich als Ganzes löst.

Während die Marmelade kocht, stellen Sie das Wasserbad an und füllen warmes Wasser in die sterilisierten Gläser; Gläser für 10 Minuten im Wasserbad sprudelnd kochen. Die Gummis und Deckel legen Sie in einen anderen Topf.

Holen Sie die heißen Gläser vorsichtig aus dem Wasserbad; ausleeren in den Topf mit den Deckeln und auf ein sauberes Geschirrtuch stellen. Füllen Sie die Marmelade bis 1 cm unter den Rand (siehe S. 161) in die heißen Gläser. Ränder der Gläser abwischen, die Deckel aus dem Wasser holen und passgenau auflegen. Den Schraubring fest, aber nicht zu fest anschrauben, sonst bekommen Sie ihn nie wieder auf. Jetzt kommen die Gläser ins Wasserbad; sie müssen vollkommen untertauchen. Temperatur hoch schalten und 20 Minuten sprudelnd kochen.

Nehmen Sie den Topfdeckel vom Wasserbad, warten Sie fünf Minuten ab, bis sich der Inhalt in den Gläsern gesetzt hat, und holen Sie die Gläser vorsichtig mit der Zange heraus. Für eine Stunde auf ein Geschirrtuch stellen, dann die Versiegelung überprüfen (siehe S. 161).

Lassen Sie die Gläser 12 Stunden stehen, bis sie völlig erkaltet sind (sehr wichtig, weil sonst die Versiegelung undicht wird). Beschriften und an einem kühlen (0–10 °C), dunklen Ort lagern. Die Marmelade hält sich etwa ein Jahr.

TRAUBENSAFT-KONZENTRAT

Ich stelle jedes Jahr ein dunkles, intensiv gefärbtes Trauben-saft-Konzentrat her. Damit süße ich alle möglichen Gerichte, sogar andere Marmeladen (obwohl das Konzentrat alles tief purpurrot färbt). Verdünnt ergibt es einen fantastischen Saft. Die Trauben stammen von der Sorte 'Brandt', die reich trägt und viele kleine, samenreiche Beeren liefert – perfekt für dieses Konzentrat.

Trauben

Kochendes Wasser

500 ml oder 1 l große Einmachgläser, die für
    das Wasserbad geeignet sind (möglichst
    Schraubgläser vom Mason-Typ; siehe S. 157)
    – für den Saft sind 1 l Gläser besser geeignet

Füllen Sie die gewaschenen Trauben in einen Marme-ladentopf mit genug kochendem Wasser, um sie zu bedecken; 30 Minuten simmern lassen, bis die Schale weich wird und platzt. Seihen Sie die Früchte durch ein Seihtuch oder eine doppelte Lage Musselin durch. Jetzt enthält der Saft noch zahlreiche Schwebteilchen; 24 Stunden stehen lassen, bis sich alles am Boden abge-setzt hat.

Gießen Sie den klaren Saft am nächsten Tag vor-sichtig in einen Marmeladentopf; das Abgelagerte bleibt zurück. Ich reduziere den Saft, bis er zähflüssig und etwas süßer ist. Wenn Sie mögen, können Sie jetzt etwas Zucker zugeben, aber mir gefällt gerade das natürliche Aroma.

Stellen Sie inzwischen das Wasserbad an und füllen warmes Wasser in die sterilisierten Gläser; Gläser für 10 Minuten im Wasserbad sprudelnd kochen. Die Gummis und Deckel legen Sie in einen anderen Topf.

Holen Sie die heißen Gläser vorsichtig aus dem Was-serbad; in den Topf mit den Deckeln ausleeren und auf ein sauberes Geschirrtuch stellen. Das Konzentrat sollte möglichst heiß bleiben, füllen Sie den Saft also unverzüglich ein und stellen Sie die Gläser sofort ins Wasserbad.

Gießen Sie den Saft bis 1 cm unter den Rand (siehe S. 161) in die heißen Gläser. Ränder der Gläser abwi-schen, die Deckel aus dem Wasser holen und pass-genau auflegen. Den Schraubring fest, aber nicht zu fest anschrauben, sonst bekommen Sie ihn nie wieder auf. Jetzt kommen die Gläser ins Wasserbad; sie müssen vollkommen untertauchen. Temperatur hoch schalten und 15 Minuten sprudelnd kochen.

Nehmen Sie den Topfdeckel vom Wasserbad, warten Sie fünf Minuten ab, bis sich der Inhalt in den Gläsern gesetzt hat, und holen Sie die Gläser vorsichtig mit der Zange heraus. Für eine Stunde auf ein Geschirrtuch stellen, dann die Versiegelung überprüfen (siehe S. 161).

Lassen Sie die Gläser 12 Stunden stehen, bis sie völlig erkaltet sind (sehr wichtig, weil sonst die Versie-gelung undicht wird). Beschriften und an einem kühlen (0–10 °C), dunklen Ort lagern. Der Saft hält sich etwa ein Jahr.

POWIDL (POLNISCHES PFLAUMENMUS)

Pflaumen sind die einzige Zutat für dieses polnische Mus. In manchen Rezepten wird noch etwas Vanille oder Zimt angegeben, vielleicht auch eine halbe Tasse Zucker, aber ich halte das einfache Rezept mit puren Pflaumen für das Beste. Sie müssen allerdings sehr süß sein; warten Sie mit dem Pflücken so lange wie möglich. Bei diesem Mus lassen sich auch sehr reife Pflaumen verarbeiten.

Das Pflaumenmus wird mit einem guten Sauerteigbrot gegessen; in Polen isst man es traditionell in Kuchen oder zum Bigos (ein Eintopf).

Die Pflaumen müssen sehr lange gekocht werden, hilfreich ist dabei ein Reiskocher (nur, wenn er eine Einstellung „warm" hat). Ansonsten müssen die Pflaumen auf dem Herd kochen. Machen Sie sich auf einen lahmen Arm vom Rühren gefasst oder laden Sie ein paar Freunde ein. Offenbar kommt der Begriff powidla *vom polnischen* povidat *(„Geschichten erzählen"), vielleicht ein Hinweis darauf, wie lange sich das Kochen hinzieht.*

Ergibt 500–750 ml

900 g reife Pflaumen (traditionell aus der Echten Zwetschge *Prunus domestica* ssp. *domestica*), gewaschen, halbiert und entsteint

250–500 ml große Einmachgläser, die für das Wasserbad geeignet sind (möglichst Schraubgläser vom Mason-Typ; siehe S. 157); noch besser sind die kleinen Gläser von Bormioli Rocco Quattro Stagioni, weil das Mus rasch verzehrt werden muss, sobald das Glas geöffnet wurde.

Die Pflaumen werden im Reiskocher oder einem Marmeladentopf zu einer zähflüssigen Masse eingekocht, die auf dem Rücken eines Holzlöffels haften bleibt (nicht abtropft). Auf der Warm-Einstellung mit offenem Deckel dauert das in meinem Reiskocher 12 Stunden. Gegen Ende des Prozesses schalte ich den Kocher auf Kochen (nicht länger „warm"), damit das Pflaumenmus heiß in die Gläser kommt. Durch die Hitzebehandlung bildet sich ein besseres Vakuum. Tatsächlich muss das Mus kochend heiß sein, wenn es in die Gläser gefüllt wird. Da es keinen Zucker enthält, ist die Hitze das einzige Mittel, um es sicher zu konservieren.

Lässt sich die Pflaumenmasse im Marmeladentopf nicht genug reduzieren, können Sie das Mus mehrere Stunden lang in den Backofen stellen; auf 140 °C vorheizen (Gas Stufe 2). Das Mus kommt flach ausgebreitet für mehrere Stunden in eine große, tiefe Backform; gelegentlich umrühren, bis die Masse dunkel und dick geworden ist.

Während die Marmelade kocht, stellen Sie das Wasserbad an und füllen warmes Wasser in die sterilisierten Gläser; Gläser für 10 Minuten im Wasserbad sprudelnd kochen. Die Gummis und Deckel legen Sie in einen anderen Topf. Da das Pflaumenmus sehr heiß eingefüllt werden muss, kann es, falls erforderlich, in einem Topf kurzzeitig zum Kochen gebracht werden. Holen Sie die heißen Gläser vorsichtig aus dem Wasserbad; ausleeren in den Topf mit den Deckeln (zum Sterilisieren) und auf ein sauberes Geschirrtuch stellen.

Füllen Sie das Mus bis 1 cm unter den Rand (siehe S. 161) in die heißen Gläser. Ränder der Gläser abwischen, die Deckel aus dem Wasser holen und passgenau auflegen. Den Schraubring fest, aber nicht zu fest anschrauben, sonst bekommen Sie ihn nie wieder auf. Jetzt kommen die Gläser ins Wasserbad; sie müssen vollkommen untertauchen. Temperatur hoch schalten und 20 Minuten sprudelnd kochen.

Nehmen Sie den Topfdeckel vom Wasserbad, warten Sie fünf Minuten ab, bis sich der Inhalt in den Gläsern gesetzt hat, und holen Sie die Gläser vorsichtig mit der Zange heraus. Für eine Stunde auf ein Geschirrtuch stellen, dann die Versiegelung überprüfen (siehe S. 161).

Lassen Sie die Gläser 12 Stunden stehen, bis sie völlig erkaltet sind (sehr wichtig, weil sonst die Versiegelung undicht wird). Beschriften und an einem kühlen (0–10 °C), dunklen Ort lagern. Das Pflaumenmus hält sich etwa ein Jahr.

TRAUBEN-GELEE

750 g Traubensaft (siehe S. 165)

1 Glas selbst gemachtes Pektin oder Agar Agar
(Herstellerangaben befolgen); siehe S. 130

Zucker, Agavensirup oder Honig nach Geschmack

Marmeladenthermometer

250–500 ml große Einmachgläser, die für das
Wasserbad geeignet sind (beispielsweise
Schraubgläser vom Mason-Typ; siehe S. 157)

Gießen Sie den Traubensaft zusammen mit dem selbst gemachten Pektin und einem Süßstoff (wenn Sie wollen) in einen Topf. Süßen Sie mit 10 ml Honig (oder Zucker) auf 60 ml Traubensaft; umrühren, bis sich der Honig löst, und zum Kochen bringen. Bei starker Hitze etwa 10 Minuten kochen, bis die Masse geliert – falls nötig, prüfen Sie die Temperatur mit einem Marmeladenthermometer. Das Gelee wird beim Abkühlen fest; prüfen Sie den Gelierpunkt mit einem Holzlöffel (siehe S. 140). Wenn Sie Agar Agar als Geliermittel verwenden, bringen Sie zuerst nur Saft und Süßstoff zum Kochen. Geben Sie Agar Agar später dazu und kochen Sie das Gelee eine weitere Minute (nicht länger, sonst wird es sehr hart).

Während die Marmelade kocht, stellen Sie das Wasserbad* an und füllen warmes Wasser in die sterilisierten Gläser; Gläser für 10 Minuten im Wasserbad sprudelnd kochen. Die Gummis und Deckel legen Sie in einen anderen Topf. Da das Gelee sehr heiß eingefüllt werden muss, kann es, falls erforderlich, in einem Topf kurzzeitig zum Kochen gebracht werden. Holen Sie die heißen Gläser vorsichtig aus dem Wasserbad; ausleeren in den Topf mit den Deckeln (zum Sterilisieren) und auf ein sauberes Geschirrtuch stellen.

Füllen Sie das Gelee bis 1 cm unter den Rand (siehe S. 161) in die heißen Gläser. Ränder der Gläser abwischen, die Deckel aus dem Wasser holen und passgenau auflegen. Den Schraubring fest, aber nicht zu fest anschrauben, sonst bekommen Sie ihn nie wieder auf. Jetzt kommen die Gläser ins Wasserbad; sie müssen vollkommen untertauchen. Temperatur hoch schalten und 15 Minuten sprudelnd kochen.

Nehmen Sie den Topfdeckel vom Wasserbad, warten Sie fünf Minuten ab, bis sich der Inhalt in den Gläsern gesetzt hat, und holen Sie die Gläser vorsichtig mit der Zange heraus. Für eine Stunde auf ein Geschirrtuch stellen, dann die Versiegelung überprüfen (siehe S. 161).

Lassen Sie die Gläser 12 Stunden stehen, bis sie völlig erkaltet sind (sehr wichtig, weil sonst die Versiegelung undicht wird). Beschriften und an einem kühlen (0–10 °C), dunklen Ort lagern. Das Gelee hält sich etwa ein Jahr.

* Wenn Sie auf das Wasserbad verzichten möchten, hält sich das Gelee mehrere Wochen lang im Kühlschrank.

BEERENSAFT: FRUCHTSIRUP FÜR GETRÄNKE

Einen Sirup können Sie aus vielen Beeren des Sommers her-
stellen – von Erdbeeren und Himbeeren über Brombeeren
oder Blaubeeren bis hin zu Loganbeeren. Ich mache Konzen-
trate aus Schwarzen Johannisbeeren, Mahonienbeeren oder
Brombeeren.

Beeren
Wasser
Zucker nach Geschmack
500 ml bis 1 l große Einmachgläser, die für das
    Wasserbad geeignet sind (siehe S. 157)

Zerdrücken Sie die Beeren in einem Marmeladentopf
mit dem Kartoffelstampfer. Gießen Sie so viel Wasser
dazu, dass die Beeren gerade schwimmen; zum Kochen
bringen und leise simmern lassen, bis die Beeren weich
sind. Schütten Sie die Masse in ein Seihtuch oder einen
sauberen, sterilisierten Kissenbezug (gewaschen und
zum Sterilisieren gebügelt) und lassen Sie den Saft mindestens zwei Stunden durchtropfen, besser über Nacht.
Gießen Sie den Saft in den Marmeladentopf; er muss
fünf Minuten schwach simmern, darf aber nicht aufkochen, sonst beginnt er zu gelieren. Je nach Süße
der Beeren geben Sie nun etwas Zucker dazu (so etwa
65–120 g Zucker auf 1 l Saft).

    Während die Marmelade kocht, stellen Sie das Was-
serbad* an und füllen warmes Wasser in die sterilisierten Gläser; Gläser für 10 Minuten im Wasserbad
sprudelnd kochen. Die Gummis und Deckel legen Sie in
einen anderen Topf. Holen Sie die heißen Gläser vorsichtig aus dem Wasserbad; ausleeren in den Topf mit
den Deckeln (zum Sterilisieren) und auf ein sauberes
Geschirrtuch stellen.

    Gießen Sie den heißen Saft bis 5 cm unter den Rand
(siehe S. 161) in die heißen Gläser. Ränder der Gläser
abwischen, die Deckel aus dem Wasser holen und passgenau auflegen. Den Schraubring fest, aber nicht zu fest
anschrauben. Jetzt kommen die Gläser ins Wasserbad;
sie müssen vollkommen untertauchen. Temperatur hoch
schalten und 15 Minuten sprudelnd kochen (sowohl die
500 ml als auch die 1-l-Gläser). Das Traubengelee geliert,
während es abkühlt.

Nehmen Sie den Topfdeckel vom Wasserbad, warten
Sie fünf Minuten ab, bis sich der Inhalt in den Gläsern
gesetzt hat, und holen Sie die Gläser vorsichtig mit der
Zange heraus. Für eine Stunde auf ein Geschirrtuch
stellen, dann die Versiegelung überprüfen (siehe S. 161).

    Lassen Sie die Gläser 12 Stunden stehen, bis sie
völlig erkaltet sind (sehr wichtig, weil sonst die Versiegelung undicht wird). Beschriften und an einem kühlen
(0–10 °C), dunklen Ort lagern. Das Konzentrat hält sich
etwa ein Jahr.

SALSA VERDE

Ich liebe diese Salsa verde vor allem, weil sie so vielseitig ist. Sie passt zu einem Chiligericht, auf Enchiladas, Tacos oder zu gebratenem Schweinefleisch, gibt aber auch Bratkartoffeln mit gebackenem Käse einen besonderen Kick (mit einem Klacks saurer Sahne). Außerdem liefert sie eine gute Basis für eine würzige Hühnersuppe.

2 kg Tomatillos

5 große Chilischoten (Schärfe ganz nach Ihrem Geschmack; zum klassischen Rezept gehören Serrano-Chilis), gehackt

1 weiße Zwiebel, gehackt

3 Knoblauchzehen, fein gehackt

Ein Bündel frische Korianderblätter (mit Stielen), sehr fein gehackt

Saft von 2 Limetten, etwa 150 ml (oder 4 EL Weißweinessig)

Salz, zum Abschmecken

500 ml große Einmachgläser, die für das Wasserbad geeignet sind (siehe S. 157)

Heizen Sie den Backofen auf 160 °C (Gas Stufe 3) vor. Breiten Sie die Tomatillos, Chilischoten, Zwiebeln und Knoblauch auf dem Boden eines tiefen Bräters aus; 30 Minuten im Backofen braten, bis die Tomatillos weich und leicht gebräunt sind.

Während die Tomatillos im Backofen braten, stellen Sie das Wasserbad an und füllen warmes Wasser in die sterilisierten Gläser; Gläser für 10 Minuten im Wasserbad sprudelnd kochen. Die Gummis und Deckel legen Sie in einen anderen Topf.

Holen Sie die Tomatillos aus dem Backofen. Sie werden zusammen mit den Korianderblättern mit einem Handstabmixer zu einem groben Püree verarbeitet (Koriander nach und nach dazugeben). Vorsicht! Die Flüssigkeit ist sehr heiß. Schütten Sie die Salsa in einen Marmeladentopf, gießen Sie den Limettensaft/Weißweinessig darüber; salzen und zum Kochen bringen.

Holen Sie in der Zwischenzeit die heißen Gläser vorsichtig aus dem Wasserbad; in den Topf mit den Deckeln (zum Sterilisieren) ausleeren und auf ein sauberes Geschirrtuch stellen.

Gießen Sie die heiße Salsa bis 1 cm unter den Rand (siehe S. 161) in die heißen Gläser. Entfernen Sie die Luftblasen vorsichtig mit einem sterilisierten Essstäbchen und wischen Sie die Ränder der Gläser ab. Nehmen Sie die Deckel aus dem Wasser; passgenau auflegen. Den Schraubring fest, aber nicht zu fest anschrauben, sonst bekommen Sie ihn nie wieder auf. Jetzt kommen die Gläser ins Wasserbad; sie müssen vollkommen untertauchen. Temperatur hoch schalten und 15 Minuten sprudelnd kochen. Nehmen Sie den Topfdeckel vom Wasserbad, warten Sie fünf Minuten ab, bis sich der Inhalt gesetzt hat, und holen Sie die Gläser vorsichtig mit der Zange heraus. Für eine Stunde auf ein Geschirrtuch stellen, dann die Versiegelung überprüfen (siehe S. 161). Lassen Sie die Gläser 12 Stunden stehen, bis sie völlig erkaltet sind. Beschriften und an einem kühlen (0–10 °C), dunklen Ort lagern. Die Salsa verde hält sich etwa ein Jahr.

ARTISCHOCKEN IN OLIVENÖL

In meinem Garten wachsen acht Artischockenpflanzen, die im Hochsommer 30 oder mehr Blütenstände liefern. Ich hätte es zwar nicht gedacht, aber man kann sich an gedünsteten Artischocken tatsächlich über essen.

In diesem Rezept werden die zarten Artischockenherzen in Weinessig und Olivenöl mariniert und für den Winter im Wasserbad konserviert – dann brauche ich diesen Geschmack des Sommers wieder. Ich finde, dass ein Glas für Pizzen und Anderes völlig ausreicht. Das offene Glas wird mit Olivenöl überschichtet (falls nötig) und im Kühlschrank aufbewahrt.

Dieses Rezept gibt es in zwei Versionen, mit und ohne die äußeren Blätter, wenn Sie es übers Herz bringen, sie wegzuwerfen. Laden Sie einfach ein paar Freunde ein und essen Sie die äußeren Blätter mit einer Vinaigrette – die Blütenherzen machen Sie ein. Die Alternative wäre, die äußeren Blätter auf den Kompost zu werfen. Im Idealfall sind alle Blütenköpfe gleich groß – wie ein Ei. Leider liefern meine Pflanzen alle möglichen Größen, sodass ich die großen Köpfe in mundgerechte Stücke schneiden muss.

Etwa 20 Artischocken (genug für ein 1-Liter-Glas)

Saft einer Zitrone

300 ml Weißweinessig

250 ml Wasser

½ TL schwarze Pfefferkörner

1 TL ganze Koriandersamen

2 Zweige Thymian, grob gehackt

2 große Lorbeerblätter

300 ml Olivenöl

1 Liter großes Einmachglas, geeignet für das
    Wasserbad (siehe S.157)

Entfernen Sie die harten, äußeren Blätter von den Blütenköpfen, bis Sie auf die hellgelben Blätter stoßen. Schneiden Sie die oberen 2,5 cm ab und kürzen Sie die Stiele auf 2–3 cm ein. Schälen Sie mit einem Gemüsemesser die harte, äußere Schale von den Stielen ab.

Die Stiele sind essbar, sogar köstlich, solange sie noch weich und biegsam sind. Schaben Sie das Innere der Blütenköpfe sauber und entfernen Sie alle grünen Teile (Heu). Legen Sie die Artischockenherzen sofort in kaltes Wasser mit Zitronensaft. So werden sie nicht braun, während Sie die anderen vorbereiten. Lassen Sie die Artischocken in einem großen Topf für 10 Minuten köcheln, bis sie weich sind; abtropfen lassen.

Stellen Sie das Wasserbad an und füllen warmes Wasser in die sterilisierten Gläser; Gläser für 10 Minuten im Wasserbad sprudelnd kochen. Die Gummis und Deckel legen Sie in einen anderen Topf.

Bringen Sie in einem Marmeladentopf Essig, Wasser, Gewürze, Kräuter und Salz zum Kochen.

Holen Sie das heiße Glas vorsichtig aus dem Wasserbad; ausleeren in den Topf mit dem Deckeln (zum Sterilisieren) und auf ein sauberes Geschirrtuch stellen. Füllen Sie die heißen Artischocken in das heiße Glas ein und gießen Sie die Essiglösung darüber. Überschichten Sie alles mit dem Olivenöl; die Artischockenherzen müssen vollständig bedeckt sein (Sie können das Öl auch schon vorher zugeben und mit köcheln, aber das Öl trennt sich ohnehin wieder vom Wasser). Lassen Sie bis zum Rand großzügige 2 cm Platz (siehe S. 161).

Rand des Glases abwischen, den Deckel aus dem Wasser holen und passgenau auflegen. Den Schraubring fest, aber nicht zu fest anschrauben, sonst bekommen Sie ihn nie wieder auf. Jetzt kommt das Glas ins Wasserbad; es muss vollkommen untertauchen. Temperatur hoch schalten und wenn das Wasser sprudelnd kocht, den Timer auf 25 Minuten einstellen.

Nehmen Sie den Topfdeckel vom Wasserbad, warten Sie fünf Minuten ab, bis sich der Inhalt gesetzt hat, und holen Sie die Gläser vorsichtig mit der Zange heraus. Für eine Stunde auf ein Geschirrtuch stellen, dann die Versiegelung überprüfen (siehe S. 161). Lassen Sie die Gläser 12 Stunden stehen, bis sie völlig erkaltet sind. Beschriften und an einem kühlen (0–10 °C), dunklen Ort lagern. Die Artischocken halten sich etwa ein Jahr.

Wenn Sie in der glücklichen Situation sind, mehr Tomaten zu ernten, als Ihr Kühlschrank fassen kann, dann ist selbst gemachte Tomatensoße die beste Lösung. Sie können dafür Tomaten jeder Größe nehmen, aber ich möchte Sie vorwarnen: Eigentlich entsaften Sie Ihre Tomaten, d. h. Sie brauchen wirklich sehr viele. Wenn Sie dagegen nur ein paar Pfund ernten, entscheiden Sie sich lieber für eingemachte ganze Tomaten.

GANZE TOMATEN IM EIGENEN SAFT

Dieses Rezept bietet sich an, wenn Sie kleinere Mengen Tomaten geerntet haben. Es dauert über eine Stunde, bis die Tomaten bis in den Kern erhitzt sind – nur so sind sie sicher. Prüfen Sie daher genau, ob Sie genug Zeit haben, so lange neben einem Topf mit kochendem Wasser zu stehen. Wenn die Zeit knapp ist, zerdrücken Sie die Tomaten (möglichst spät, sonst machen die Kerne die Soße bitter), um Zeit zu sparen. Ich muss zugeben, dass mir der Anblick von ganzen Tomaten im Glas gefällt. Das Aroma ist einzigartig, und solange etwas Interessantes im Radio läuft, macht mir auch eine 40 Minuten längere Wartezeit nichts aus.

Reife Tomaten – vorzugsweise Pflaumentomaten,
   die gut ins Glas passen
Zitronensäure (oder Zitronensaft aus der Flasche;
   bei frisch ausgepressten Zitronen ist der Säuregehalt zu variabel)
Salz
500 ml bis 1 l große Einmachgläser, die für das
   Wasserbad geeignet sind (siehe S. 157)

Stellen Sie das Wasserbad auf und füllen warmes Wasser in die sterilisierten Gläser; diese nun für 10 Minuten im Wasserbad sprudelnd kochen. Gummi und Deckel legen Sie in einen anderen Topf (siehe S. 161).

In der Zwischenzeit schälen Sie die Tomaten. Füllen Sie einen großen Topf mit Wasser; zum Kochen bringen. Legen Sie jeweils wenige Tomaten ins kochende Wasser, bis die Schale platzt. Holen Sie die Tomaten sofort heraus; in eine Schale mit kaltem Wasser legen. Nun können Sie die Schale mit leichtem Fingerdruck abziehen. Große Tomatensorten werden geviertelt und die Kerne entfernt, damit sie besser ins Glas passen.

Legen Sie die Tomaten in eine große Kasserolle; mit Wasser bedecken und bei mittlerer Hitze zum Kochen bringen, vorsichtig umrühren und fünf Minuten kochen.

Holen Sie in der Zwischenzeit die heißen Gläser vorsichtig aus dem Wasserbad; in den Topf mit den Deckeln (zum Sterilisieren) ausleeren und auf ein sauberes Geschirrtuch stellen. Geben Sie in jedes Glas etwas Zitronensäure (oder Zitronensaft) und Salz; rechnen Sie ¼ TL Zitronensäure (oder 2 EL Zitronensaft) und ⅓ TL Salz je 500 ml Glas. Legen Sie die Tomaten hinein und füllen Sie mit der heißen Kochflüssigkeit bis 1 cm unter den Rand (siehe S. 161) auf; vorsichtig zusammendrücken, damit sich alle Hohlräume mit Saft füllen. Falls nötig, entfernen Sie mit einem sterilisierten Essstäbchen vorsichtig eventuelle Luftblasen und wischen Sie die Ränder der Gläser ab. Nehmen Sie die Deckel aus dem Wasser; passgenau auflegen. Den Schraubring fest, aber nicht zu fest anschrauben, sonst bekommen Sie ihn nie wieder auf.

Jetzt kommen die Gläser ins Wasserbad; sie müssen vollkommen untertauchen. Temperatur hoch schalten und 40 Minuten sprudelnd kochen (500 ml und 1 Liter Gläser). Wenn Sie die Tomaten in gekauften oder selbst gemachten Tomatensaft einlegen möchten, wird die Kochzeit für beide Glasgrößen auf 85 Minuten verlängert – damit wird das Aroma intensiver.

Nehmen Sie den Topfdeckel vom Wasserbad, warten Sie fünf Minuten ab, bis sich der Inhalt gesetzt hat, und holen Sie die Gläser vorsichtig heraus*. Für eine Stunde auf ein Geschirrtuch* stellen, dann die Versiegelung überprüfen (siehe S. 161). Lassen Sie die Gläser 12 Stunden stehen. Beschriften und an einem kühlen (0–10 °C), dunklen Ort lagern. Die Tomaten halten sich etwa ein Jahr.

*Heben Sie sehr große Gläser, die sich nur schwer aus dem Wasser heben lassen, erst heraus, wenn das Wasserbad abgekühlt ist.

GRUNDREZEPT: TOMATENSOSSE MIT BASILIKUM

Tomaten
Zitronensäure (oder Zitronensaft aus der Flasche;
    bei frisch ausgepressten Zitronen ist der Säure-
    gehalt zu variabel)
Salz
Basilikumblätter
Gemüsemühle (Flotte Lotte)
500 ml bis 1 l große Einmachgläser, die für das
    Wasserbad geeignet sind (siehe S. 157)

Stellen Sie das Wasserbad auf und füllen warmes Wasser in die sterilisierten Gläser; diese nun für 10 Minuten im Wasserbad sprudelnd kochen. Gummi und Deckel legen Sie in einen anderen Topf (siehe S. 161).

Tomaten waschen und verletzte Tomaten aussortieren; in Viertel schneiden. In einem Topf mit schwerem Boden bei niedriger Hitze etwa 20 Minuten lang köcheln, bis die Tomaten weich werden und zerfallen, falls erforderlich auch portionsweise. Zerdrücken Sie die Tomaten mit einem Kartoffelstampfer; weiter kochen, bis sie weich und saftig sind.

Drehen Sie die Tomatenmasse durch eine Flotte Lotte, um Schalen und Kerne zu entfernen (die Reste können getrocknet und zu Tomatenwürze verarbeitet werden; siehe S. 201). Da der Saft sehr dünn ausfällt, wird er zurück in den Topf geschüttet und um mindestens ein Drittel reduziert (bis er eher an eine Soße erinnert).

Holen Sie in der Zwischenzeit die heißen Gläser vorsichtig aus dem Wasserbad; in den Topf mit den Deckeln (zum Sterilisieren) ausleeren und auf ein sauberes Geschirrtuch stellen.

Gießen Sie die Tomatensoße in einen Messbecher, um die Menge der Zitronensäure (oder Zitronensaft) und Salz zu bestimmen; rechnen Sie ¼ TL Zitronensäure (oder 1 EL Zitronensaft) und ½ TL Salz je 500 ml Soße. Da die Soße kochend heiß in die Gläser gefüllt werden muss, wird sie zurück in den Topf gegossen und kurz zum Kochen gebracht.

Füllen Sie die Tomatensoße mit einem weiten Trichter bis 1 cm unter den Rand (siehe S. 161) in die Gläser und legen Sie ein bis zwei Basilikumblätter in jedes Glas. Falls nötig, entfernen Sie mit einem sterilisierten Essstäbchen vorsichtig die Luftblasen und wischen Sie die Ränder der Gläser ab. Nehmen Sie die Deckel aus dem Wasser; passgenau auflegen. Den Schraubring fest, aber nicht zu fest anschrauben, sonst bekommen Sie ihn nie wieder auf.

Stellen Sie die Gläser ins Wasserbad; sie müssen vollkommen untertauchen. Temperatur hoch schalten und 35 Minuten (500-ml-Gläser) bzw. 40 Minuten (1-Liter-Gläser) sprudelnd kochen.

Nehmen Sie den Topfdeckel vom Wasserbad, warten Sie fünf Minuten ab, bis sich der Inhalt gesetzt hat* und holen Sie die Gläser vorsichtig heraus. Für eine Stunde auf ein Geschirrtuch stellen, dann die Versiegelung überprüfen (siehe S. 161). Lassen Sie die Gläser 12 Stunden stehen. Beschriften und an einem kühlen (0–10 °C), dunklen Ort lagern; die Tomatensoße hält sich etwa ein Jahr.

*Heben Sie sehr große Gläser, die sich nur schwer aus dem Wasser heben lassen, erst heraus, wenn das Wasserbad abgekühlt ist.

Manchmal ist es wirklich ein Segen, dass man Gemüse und Obst einfrieren und ihren Geschmack und Aroma für lange Zeit konservieren kann. Wenn beispielsweise zu viele Früchte zur gleichen Zeit reifen oder uns die Zwänge des Lebens zu wenig Zeit lassen, ist die Schnelligkeit dieser Methode gefragt. Natürlich wird ein aufgetautes Produkt niemals die Qualität des frischen Produktes erreichen, aber es bewahrt in jedem Fall den Geschmack des Originals.

Der Gefrierschrank ist eindeutig besser für gekochte Gerichte – eine eingefrorene Ratatouille schmeckt immer besser als rohe, matschige Zucchini; ein gefrorenes Pesto besser als die schwarz gefrorenen Blätter von Basilikum. Die Haushaltsgefriertruhen erreichen zwar nicht den Qualitätsstandard von professionell eingefrorenen Tiefkühlerbsen, die schon Minuten nach der Ernte schockgefroren werden, aber es gibt einige Tricks, um Obst und Gemüse qualitätsvoll einzufrieren.

Vermutlich sollte ich jetzt wieder einmal erwähnen, dass für das Einfrieren dieselbe Voraussetzung gilt wie für alle Konservierungsmethoden: Nur das beste Obst und Gemüse kommt infrage – fest, reif und voller Aroma. Essen Sie überreife oder nicht ganz perfekte Exemplare frisch; im Gefrierschrank werden sie garantiert nicht besser.

Ich friere allerdings, vor allem zum Ende des Sommers, auch die wenigen, nicht ganz perfekten Garten- und Walderdbeeren ein. Wenn ich mich im Winter mies fühle, taue ich sie auf und rühre sie in etwas ein, was meine Laune wieder sommerlicher macht. Die Früchte vom Ende des Sommers tauen zwar in eine sirupartige, helle Masse auf, doch mit etwas Zucker und ein wenig Hitze werden sie zu einem marmeladeartigen Toastaufstrich und verbessern Joghurt oder Haferbrei.

Eigentlich mag ich meinen Tiefkühlschrank gar nicht so gerne. Ich ziehe eingelegte, fermentierte Bohnen eindeutig den gefrorenen vor; ich verlasse mich lieber auf meinen Vorratseimer unter der Erde als auf den Tiefkühlschrank. Durch das Einfrieren werden die Produkte nicht besser; es ist allenfalls eine Übergangslösung.

Allerdings befolge ich meine eignen Regeln nicht immer. Statt mir große Mühe zu geben, entscheide ich mich für eine schnelle Lösung. Ich friere kleine Mengen beschädigter Erdbeeren ein, verwandele keimende Kartoffeln in gefrorene Pommes frites oder schneide eine verschimmelte Ecke eines Butternusskürbis ab, brate den Rest und friere ihn ein. Mir gefällt die Schnelligkeit des Einfrierens und die Möglichkeit zu retten, was zu retten ist. Im Unterschied zu anderen Konservierungsmethoden freue ich mich aber hier nicht darauf, die Produkte noch Jahre später zu genießen, sondern verbrauche sie möglichst schnell. Esst Leute und esst schnell!

TIPPS ZUM EINFRIEREN

Wenn Sie Platz für eine richtig große Gefriertruhe haben, sollten Sie noch etwas Geld investieren und das Buch *How to freeze* von Carolyn Humphries kaufen. Darin erfahren Sie wirklich alles über das Einfrieren und den Umgang mit den tiefgefrorenen Produkten (Letzteres ist besonders wichtig, sonst bleiben die eingefrorenen Roten Johannisbeeren vier Jahre lang versteckt am Boden des Schranks liegen).

Ordnung im Gefrierschrank

Die Regel Nummer Eins lautet: Beschriften Sie alles, was Sie in den Gefrierschrank stellen. Frau Humphries empfiehlt ein hyper-ordentliches System (farbcodiert) mit einer Liste des Inhalts, die außen auf den Gefrierschrank geklebt wird: Rot für Fleisch, Grün für Gemüse. „B" für Brot, „S" für Suppe usw. Vielleicht würde ich in einem anderen Leben dieses System übernehmen, aber ich habe einfach kein Talent für so viel Ordnung. Mein System wäre ziemlich lächerlich und skurril. Im Augenblick liegen in meinem Gefrierschrank „starker Fischfond für irgendetwas mit Fisch" und eine „unschlagbare Ratatouille". Allerdings achte ich immer genau auf das Datum. Wenn es um den Gefrierschrank geht, ist der Edding mein bester Freund.

Es ist gesunder Menschenverstand, neue Dosen nicht auf die alten zu stellen, denn sonst werden aus vier Jahre alten Johannisbeeren schnell fünf Jahre alte. Mit einem Minimum an Organisation kommen Sie schon weiter.

Abtauen

Einmal, vielleicht sogar zweimal pro Jahr, sollten Sie den Gefrierschrank abtauen. Nur damit ist sichergestellt, dass der Gefrierschrank richtig schließt und effizient arbeitet. Andernfalls frieren Sie jede Menge merkwürdiger und nicht sehr angenehmer Bakterien in den dicken Eisschichten ein, die sich überall bilden.

Tauen Sie ab, wenn es draußen friert und schneit, und benutzen Sie die Terrasse als Übergangsgefrierschrank. Auch wenn Sie eine große Ernte erwarten, wäre Abtauen keine schlechte Idee. Dass diese beiden Ereignisse nie zusammenfallen, sollten Sie aber nicht als Entschuldigung benutzen, gar nicht abzutauen. Auch wenn man manchmal am liebsten zu Hammer und Messer greifen möchte, um das Eis abzuhacken – lassen Sie's. Es ist total frustrierend, dem leisen Zischen zuzuhören, mit dem sich das Gefriermittel in die Ozonschicht verabschiedet; alle Mühe beim Einfrieren war umsonst (und ich spreche aus Erfahrung).

Gefrierdosen

Noch ein paar Worte über Gefrierdosen. Ich selbst recycele alte Plastikboxen von Schnell-Imbissen und Aluminiumschalen, zerschneide Schachteln für Cerealien und bastele daraus neue Deckel (sie halten ewig; aber achten Sie darauf, dass die bedruckte Seite von den Lebensmitteln weg zeigt). Den Gefrierdosen aus Plastik traue ich immer weniger (das gilt sogar für die „lebensmittelechten" Dosen; eigentlich sollte jedes Plastikprodukt in der Küche lebensmittelecht sein). Ich frage mich, was geschieht, wenn sich das Plastik abbaut und Bruchstücke der Polymere in meinem Essen landen. Plastik ist aber nützlich für Einzelportionen. Joghurtbecher und Margarinedosen haben eine passende Größe, sind aber wegen der Abbauprodukte nur für kurzfristige Lagerung geeignet. Wenn die Deckel nicht mehr vollständig schließen, ziehen Sie eine Folie oder Plastikbeutel darüber.

Pesto und andere Soßen friere ich in Silikonförmchen für Muffins ein; sie haben gerade die richtige Größe für zwei Personen. Gewürzkräuter, Spinat und Fonds friere ich portionsweise in Eiswürfel ein, die in Gefrierbeuteln oder Aluminiumfolie aufbewahrt werden.

Achten Sie darauf, die Luft aus den Gefrierbeuteln zu entfernen, um Oxidation zu vermeiden. Der alte Trick, die Luft mit dem Strohhalm auszusaugen, macht zwar Spaß, aber es geht auch, indem Sie den Beutel fest andrücken.

Suppen können Sie sogar in großen Gläsern (für Gurken) einfrieren, sofern Sie genügend Platz lassen, damit sich die Flüssigkeit ausdehnen kann.

WAS EINFRIEREN?

AUBERGINEN
BLANCHIEREN:
3 Minuten
(Ungeschält; in dicke Scheiben geschnitten) in Wasser mit 1 EL Zitronensaft
12
MONATE

FRISCHE BORLOTTI-BOHNEN ODER TROCKENBOHNEN
BLANCHIEREN:
3 Minuten
12
MONATE

DICKE BOHNEN
BLANCHIEREN:
3 Minuten
12
MONATE

BUSCH-BOHNEN
BLANCHIEREN:
2 Minuten
In Scheiben oder gehackt
12
MONATE

STANGEN-BOHNEN
BLANCHIEREN:
2 Minuten
In Scheiben oder gehackt
12
MONATE

BROKKOLI
BLANCHIEREN:
2 Minuten
In Röschen zerbrochen
12
MONATE

MANGOLD
BLANCHIEREN:
Stiele 3 Minuten, Blätter 1 Minute
Müssen nicht getrennt werden
6
MONATE

MÖHREN
BLANCHIEREN:
3 Minuten
In Scheiben
12
MONATE

BLUMENKOHL
BLANCHIEREN:
3 Minuten
In Röschen zerbrochen
12
MONATE

BLATTGEMÜSE
AUCH MANGOLD, SENF
BLANCHIEREN:
1 Minute
Ganze Blätter
6
MONATE

GRÜNKOHL
BLANCHIEREN:
1 Minute
6
MONATE

KRÄUTER
MÜSSEN NICHT BLANCHIERT WERDEN
Siehe S. 187
6
MONATE

MEERRETTICH
BRAUCHT NICHT BLANCHIERT ZU WERDEN
Mit Zitronensaft oder Weißweinessig vermischt und möglichst gerieben
6
MONATE

KOHLRABI
BLANCHIEREN:
2 Minuten
In gleich große Scheiben geschnitten
12
MONATE

PORREE
BLANCHIEREN:
2 Minuten
In Scheiben
12
MONATE

Das Blanchieren ist entscheidend für ein erfolgreiches Einfrieren. Durch die kurze Kochzeit werden die Enzyme zerstört, die das Gewebe abbauen. Vitamin C, Farbe und Textur bleiben erhalten. Die Blanchierzeiten sind keine Erfahrungswerte, sondern wissenschaftlich ermittelt. Wenn Sie die Zeiten verändern – manchmal

PAK CHOI
BLANCHIEREN:
2 Minuten

12
MONATE

ERBSEN
BLANCHIEREN:
1 Minute

12
MONATE

PAPRIKA
BLANCHIEREN:
2 Minuten (ganz),
1 Minute (Scheiben)

6
MONATE

CHILISCHOTEN
BLANCHIEREN:
nicht nötig

6
MONATE

KARTOFFELN
BLANCHIEREN:
2 Minuten

zu Pommes frites geschnitten

12
MONATE

RHABARBER
BLANCHIEREN:
1 Minute

In Stücke geschnitten

12
MONATE

SPINAT
BLANCHIEREN:
1 Minute

Ganze Blätter

6
MONATE

**ZUCCHINI UND
SOMMERKÜRBISSE**
BLANCHIEREN:
1 Minute

Möglichst gerieben

12
MONATE

KÜRBIS

Möglichst
weich gekocht

6
MONATE

**SCHWARZ-
WURZELN**

BLANCHIEREN:
3 Minuten

In Scheiben

12
MONATE

SPINAT
BLANCHIEREN:
1 Minute

12
MONATE

**FRÜHLINGS-
ZWIEBELN ODER
GRÜNKOHL**
BLANCHIEREN:
1 Minute

6
MONATE

KOHLRÜBEN
BLANCHIEREN:
2 Minuten

In gleich große Stücke geschnitten

12
MONATE

ZUCKERMAIS
BLANCHIEREN:
5 Minuten

Ganz

12
MONATE

TOMATEN
BLANCHIEREN:
nicht nötig

Kirschtomaten ganz oder zubereitet als
Tomatensoße

12
MONATE

TOMATILLOS
BLANCHIEREN:
nicht nötig

Möglichst gebacken

12
MONATE

reichen schon 30 Sekunden zu lange – enden Sie möglicherweise mit weichem Mus. Kühlen Sie das blanchierte Gemüse schockartig in Eiswasser ab – langsam abgekühltes Gemüse gart weiter. Tupfen Sie das abgekühlte Gemüse mit einem sauberen Tuch trocken; in einen Gefrierbeutel packen, beschriften und die Luft ablassen.

Weiches Obst

Weiches Obst, wie Brombeeren, Blaubeeren, Erdbeeren, Johannisbeeren, Feigen oder Himbeeren braucht nicht blanchiert zu werden – die Früchte zerfielen zu Mus. Breiten Sie die Früchte nebeneinander auf einem Tablett aus; einfrieren und anschließend in geeignete Behälter umfüllen. Wenn die Beeren nicht auf diese Weise einzeln eingefroren werden, frieren sie zu einem Klumpen zusammen.

Rote, Weiße oder Schwarze Johannisbeeren und Holunderbeeren streife ich mit der Gabel von den Stielen ab. Ich wasche sie nicht, sortiere aber beschädigte Beeren aus und friere sie sofort ein. Gewaschen werden sie erst nach dem Auftauen; so bleibt ihre Form besser erhalten.

Weiches Obst hält sich 12 Monate in der Gefriertruhe; das Auftauen dauert etwa ein bis zwei Stunden.

Einfrieren in Sirup

Bei manchen Früchten bleiben Aroma und Textur besser erhalten, wenn sie in einem zähflüssigen Sirup eingefroren werden, insbesondere als Zutaten für Torten und Streuselkuchen.

Ein klassischer Sirup wird aus zwei Teilen Zucker auf ein Teil Wasser eingekocht (350–400 g Zucker auf 600 ml Wasser). Ich bevorzuge eine leichtere Version mit 225 g Zucker auf 600 ml Wasser. Dabei benutze ich nicht nur Rohr- oder Rübenzucker, sondern auch Agaven-, Ahorn- oder Dattelsirup.

Falls nötig, werden die Früchte zuerst blanchiert (bei Rhabarber notwendig), dann kochen Sie den Sirup ein: Erhitzen Sie Zucker und Wasser langsam bei schwacher Hitze, bis sich der Zucker löst. Füllen Sie die Früchte in eine Tiefkühldose und gießen Sie den Zuckersirup darüber (bis etwa 1 cm unter den Rand, damit sich die Flüssigkeit ausdehnen kann). Im Zuckersirup hält sich Obst etwa 12 Monate lang.

Kräuter als Eiswürfel

Viele Kräuter lassen sich nicht einfrieren, weil sie unansehnlich werden. Das gilt besonders für Basilikumblätter, die sich in einen schwarzen Matsch verwandeln.

Andere Kräuter – Petersilie, Salbei, Thymian und Rosmarin – halten sich dagegen bis zu sechs Monate sehr gut im Gefrierschrank. Streifen Sie die Blätter von den Stängeln ab und frieren Sie nur die ganzen Blätter ein (Petersilie ist eine Ausnahme; die aromatischen Blattstiele werden mit eingefroren). In Gefrierbeutel füllen, Luft absaugen und verschließen. Zum Gebrauch zerreiben Sie die noch gefrorenen Blätter ins Essen.

Kräuter mit weichen Blättern, wie Koriander, Basilikum, Kerbel, Minze oder Bohnenkraut werden gehackt und in Öl eingelegt. So bleibt nicht nur die Farbe erhalten, es geht schneller und ist auch praktischer

– Sie können fertige Gewürzmischungen für spezielle Gerichte zusammenstellen. Für Einzelportionen werden die Kräuter fein gehackt, in Eiswürfelfächer gestopft und mit Olivenöl aufgefüllt. Heben Sie die gefrorenen Kräuterwürfel in Gefrierbeuteln auf; Luft ablassen und beschriften. Die Kräuter bleiben sechs Monate lang frisch.

Fruchtsaft süß oder naturbelassen

Kleinere Mengen Fruchtsaft lassen sich bestens einfrieren. Manchmal muss die Frucht schwach erhitzt werden, bis der Saft austritt. Sie können natürlich auch einen Entsafter benutzen. Vor allem bei weichen Beeren oder Kirschen lohnt sich das Abseihen im Seihtuch. Frieren Sie den Saft ungesüßt oder mit 65–120 g Zucker je Liter ein. Der Saft wird in Behälter gefüllt (nicht bis zum Rand, damit sich die Flüssigkeit ausdehnen kann), verschließen und einfrieren.

Rohe Bohnen im Gefrierbeutel

Ich lege häufig Gefrierbeutel mit blanchierten Bohnen in den Gefrierschrank, als „Last-Minute-Zutat". Damit können Sie Suppen und Eintöpfe fülliger machen. Das Blanchieren ist nützlich, weil damit die spätere Kochzeit deutlich verkürzt wird – sehr hilfreich, wenn Sie keine Zeit oder Lust haben, trockene Bohnen über Nacht einzuweichen. Die Methode funktioniert bei Borlotti- und allen anderen Trockenbohnen.

Pulen Sie die Bohnen aus den Hülsen; drei Minuten lang in kochendem Wasser blanchieren; abtropfen lassen, unter kaltem Wasser abspülen und auf einem Geschirrtuch zum Trocknen ausbreiten. Frieren Sie die Bohnen auf einem Tablett einzeln ein. In einen Gefrierbeutel umfüllen, Luft ablassen und verschließen. Bohnen halten sich bis 12 Monate lang.

SELBST GEMACHTE POMMES FRITES

Meine besten Kartoffeln friere ich nicht als Pommes frites ein, sondern nur die beschädigten und keimenden Exemplare – ja, ich gehöre zu denen, die Keime abrubbeln.
Zum Schneiden benutze ich eine tolle, alte Schneidemaschine, die ich im Internet ersteigert habe; natürlich können Sie die Kartoffeln auch mit der Hand in Stifte schneiden.

Kartoffeln
Olivenöl
Salz

Ob Sie die Kartoffeln schälen oder nicht, richtet sich nach deren Zustand. Schneiden Sie die Fritten zurecht; für zwei Minuten in kochendem Wasser vorgaren, dann abtropfen lassen und rasch abkühlen.

Verteilen Sie die Fritten auf Gefrierbeutel, geben Sie jeweils einen guten Schuss Öl und eine Prise Salz dazu – Beutel schütteln, bis alle Kartoffeln mit einem Ölfilm überzogen sind (so kleben sie nicht aneinander und lassen sich später voneinander lösen). Beutel schließen und die Luft ablassen. Gefrorene Kartoffeln halten sich etwa drei Monate lang (dann sollte es wieder neue geben).

Zum Zubereiten heizen Sie den Backofen auf 200 °C (Gas Stufe 6) vor. Pommes frites auf einem Backblech ausbreiten und etwa 20 Minuten backen, bis sie goldbraun sind. Ich habe keine Fritteuse und verarbeite die Kartoffeln immer, ohne sie vorher aufzutauen.

PÜRIERTES GEMÜSE

Gemüse, das nicht mehr in Top-Zustand, aber noch gut ist, lagere ich in Form von Gemüsepüree – Kürbisse, die zu schimmeln beginnen, Möhren mit Maden der Möhrenfliege. Ich schneide heraus, was nicht mehr zu retten ist, und rette das Gute. Wenn die Zeit knapp ist, rettet Gemüsepüree jede Suppe oder Risotto.

Heizen Sie den Backofen auf 180 °C vor (Gas Stufe 4). Schälen Sie das Gemüse, falls erforderlich, und schneiden Sie es in grobe Stücke. Auf einem Backblech ausbreiten, mit Olivenöl beträufeln, eine oder zwei Knoblauchzehen dazu und rösten, bis es weich ist (Sie können das Gemüse auch weich kochen). Pürieren Sie die Stücke im Mixer oder mit dem Kartoffelstampfer.

Füllen Sie das Püree portionsweise bis 1 cm unter den Rand in passende Gefrierdosen, damit es sich ausdehnen kann. Gefrorenes Gemüsepüree hält sich im Gefrierschrank 12 Monate lang.

PASSATA

Fehlt Ihnen die Zeit, Tomaten in Gläsern einzuwecken? Dann ist Einfrieren eine der besten Lösungen. Ich freue mich immer wieder, wenn ich einen Beutel mit Passata im Gefrierschrank finde. Sie ist vielseitig und ersetzt Dosentomaten in jedem Rezept.

Statt mit Tomaten können Sie die Passata auch mit Tomatillos zubereiten; ich würde allerdings nicht auf Knoblauch, Öl und Limettensaft verzichten. Die Soße bildet eine tolle Grundlage für würzige, mexikanische Suppen, passt zu Schweinefleisch oder Hähnchen – wie Salsa.

Etwa 500 g Tomaten, große Tomaten werden
    geviertelt, Kirschtomaten bleiben ganz
Mehrere Knoblauchzehen, ganz
Ein Zweig Rosmarin
Eine kleine Handvoll Oregano
Salz, brauner Zucker nach Geschmack
½ TL Koriandersamen oder getrocknete
    Chilischoten (optional)
Olivenöl

Backofen auf 180 °C vorheizen (Gas Stufe 4). Verteilen Sie die Tomaten auf dem Boden eines Bräters und streuen Sie Knoblauchzehen, Rosmarin, Oregano, eine bis zwei Prisen Salz und Zucker darüber; auch Koriander oder Chili, wenn Sie mögen. Träufeln Sie einen guten Schuss Olivenöl darüber; backen, bis die Tomaten Blasen werfen und gebräunt aussehen. Abkühlen lassen.

Sie können die Tomaten, so wie sie sind, in Gefrierdosen packen oder sie im Mixer zu einer glatten Soße verarbeiten. Man soll zwar die Häute der Knoblauchzehen entfernen, aber ich konnte keinen Unterschied feststellen. In einer luftdichten Gefrierdose oder -beutel hält sich die Passata 12 Monate.

Genießen Sie den Duft des Spätsommers in Suppen oder Soßen. Als Pasta serviert wird die Masse so, wie sie ist, etwa sechs Minuten lang erwärmt. Ganze, geröstete Tomaten schmecken zu Bratfisch oder zur Polenta.

FALAFEL AUS DICKEN BOHNEN UND KICHERERBSEN

Es gibt nichts Besseres, als eine Superernte dicker Bohnen zu Falafel zu verarbeiten und im Gefrierschrank zu konservieren. Zusammen mit Pita-Brot sind sie ein nahrhafter Snack oder ein spätes Essen, wenn man aus der Kneipe nach Hause kommt (aber nur, wenn Sie die Falafel vorher aus dem Gefrierschrank holen).

Ergibt 32 kleine Falafel

500 g Dicke Bohnen (oder gekochte Kichererbsen und Dicke Bohnen)

1 Knoblauchzehe (auch mehr, wenn Sie mögen; sie sind aber mehr oder weniger roh)

1 kleine Zwiebel, gehackt

1 kleine, trockene Chilischote, zerkrümelt

Eine kleine Handvoll Glatte Petersilie, mit Stielen

Eine kleine Handvoll Dill

Eine kleine Handvoll Minze

1 EL Koriandersamen (ich hole frische Samen aus dem Garten) oder eine kleine Handvoll frische Korianderblätter

2 TL Kreuzkümmelsamen

1 EL Sesamsamen

1 TL Backpulver

Olivenöl

Salz und Pfeffer nach Geschmack

Mehl zum Bestäuben

Blanchieren Sie die Dicken Bohnen (Schalen von sehr großen und harten Bohnen entfernen) etwa drei Minuten lang. Falls Sie nicht genug Dicke Bohnen haben, können Sie die Hälfte mit Kichererbsen auffüllen. Pürieren Sie in einer Schüssel Bohnen, Kichererbsen, Kräuter, Gewürze und Backpulver mit dem Rührstab (oder im Mixer). Geben Sie dabei gerade so viel Olivenöl dazu, dass die Mischung geschmeidig bleibt. Ideal ist die Konsistenz einer Bratwurst, aber eher zum Trockenen hin. Abschmecken und nachwürzen. Sollte die Mischung zu feucht geworden sein, geben Sie etwas Mehl, noch

besser Brotkrumen dazu. Feuchten Sie Ihre Handflächen mit Olivenöl an und rollen Sie aus der Masse kleine Bällchen von etwa 5 cm Durchmesser; mit Mehl bestäuben und beiseitestellen.

Die Falafel werden im Wok oder einer tiefen Bratpfanne 20 bis 30 Sekunden gebraten, bis sie goldbraun aussehen. Servieren mit Joghurt und Minze oder Tahini. Falafel zum Einfrieren werden ungebraten nebeneinander auf Pergamentpapier gelegt und eingefroren (so kleben sie nicht aneinander). Die gefrorenen Bällchen werden in Gefrierbeutel umgepackt, die Luft abgelassen und eingefroren; sie halten sich sechs Monate lang. Zum Auftauen werden die Falafel nebeneinander auf Backpapier gelegt. In heißem Öl rundum goldbraun braten; Fett auf Küchenpapier abtropfen lassen und heiß mit warmem Pita-Brot servieren.

PESTO AUS BLATTGEMÜSE

In einem Pesto werden Blattgemüse und Kräuter auf einfache Weise konserviert. Das Grundrezept besteht aus Knoblauch, Pinienkernen oder Mandeln (billiger und milder im Geschmack), Zitronensaft und Salz in Verbindung mit grünen Blättern, die gerade zur Hand sind – Kohlstrünke, Fenchel- oder Möhrenblättern, Basilikum, Petersilie oder Bärlauch (dann wird der Knoblauch weggelassen). In den klassischen Rezepten gehört Hartkäse dazu, wie Parmesan oder Grano Padano. Für den Gefrierschrank lasse ich den Käse allerdings weg; er wird erst vor dem Servieren frisch beigemischt. Pistou (eine traditionelle französische Soße, die zur Minestrone gereicht wird) wird ohne Käse zubereitet.

Eine Handvoll Pinienkerne (oder geschälte
   Mandeln, Kürbis- oder Sonnenblumensamen –
   milder als Pinienkerne)
50 g geriebener Parmesan
4 Hände voll grüne Blätter Ihrer Wahl – Grünkohl,
   Spinat, Fenchel- oder Möhrenblätter – grob
   gehackt; Kohlstrünke oder holzige Stängel
   werden zuerst weich gekocht
1–2 Knoblauchzehen, geschält und zerdrückt
Eine Prise frische, rote Chilischote (optional),
   fein gehackt
4 EL Olivenöl
2 EL Zitronensaft (etwa der Saft einer halben Zitrone)
Salz nach Geschmack

Rösten Sie die Kerne für fünf Minuten bei 140 °C (Gas Stufe 2) im Backofen; sie dürfen nicht anbrennen (Vorsicht, passiert schnell).

Zerkleinern Sie Kerne, Parmesan, Grünkohl, Knoblauch, Chili, Olivenöl und Zitronensaft im Mixer; abschmecken und würzen. Geben Sie nun weitere grüne Blätter, Parmesan, Olivenöl, Kerne oder Zitronensaft dazu.

Das Pesto wird frisch serviert oder in geeigneten Dosen im Gefrierschrank eingefroren; sechs Monate haltbar.

ALLES IST ESSBAR

Ich lebe nach dem Grundsatz, nichts von der Gemüseernte zu verschwenden, und das keineswegs aus Geiz. Vielmehr glaube ich, dass so manches, was wir wegwerfen, zu den Schätzen einer guten Küche gehört. Manche Fleischstücke erleben zurzeit eine Renaissance: Innereien, Leber, Nieren und andere Stücke sind wieder im Kochtrend, und überall im Land werben hippe Restaurants damit, jeden Bestandteil zu verarbeiten. Es hat mich nicht überrascht, dass Gemüse von diesem Trend ausgenommen wird, denn die Menschen sind viel eher an Fleisch interessiert. Also werde ich eine Lanze für die sträflich vernachlässigten Wurzeln, Sprosse und Keime brechen, denn auch daraus lassen sich großartige Gerichte kochen.

Ich kann nur jedem empfehlen, das Buch *Food in England* der großartigen Dorothy Hartley zu lesen. Wenn Sie nach einem miesen, feuchten Sommer nur Kartoffeln, Kohl, Kohl- und Steckrüben geerntet haben, zeigt Ihnen dieses Buch, wie Sie dennoch stolz auf Ihre Ernte sein dürfen. Es gibt wertvolle Tipps, was man alles essen kann – von den gedünsteten äußeren Blättern von Blumenkohl (ohne die Mittelrippen) mit Pfeffer, Milch und Lorbeerblättern bis zu den nicht verholzten Teilen des Stängels für Suppenwürfel.

PESTO AUS BELIEBIGEN BLÄTTERN

Fenchelgrün, der Strunk eines Kohlkopfes, die grünen Spitzen einer Steckrübe oder Möhrengrün gehören nicht auf den Kompost (obwohl sie auch dort eine gute Aufgabe erfüllen), sondern in den Kühlschrank und später auf den Tisch; vielleicht sogar als Soße für ein Pastagericht. Ich verarbeite alles Grüne zu Pesto – die Spitzen von Rosenkohlpflanzen, Strünke von jungem Kohl (solange sie noch nicht verholzt sind) und die äußeren Kohlblätter, wenn sie zart genug, aber zu beschädigt für ein „normales" Gemüsegericht sind.

Gerade diese grünen und weißen „Reste" enthalten für mich die aromatische Essenz eines Gemüses. Lassen Sie Strünke und äußere Blätter etwas länger simmern, dazu ein wenig Fenchel, eine oder zwei Knoblauchzehen (oder mehr, falls Sie nichts mehr vorhaben), ein Spritzer Zitrone, ein paar Mandeln, Walnüsse, Pinienkerne (wenn Sie mehr ausgeben wollen), dazu etwas Salz, vielleicht Pfeffer, Pecorino oder Parmesan und schon haben Sie ein tolles Pesto (siehe S. 195). Wenn ich dieses Pesto einfriere, lasse ich den Käse weg, da dessen Aroma im Gefrierschrank leidet. Zum Einfrieren nehme ich Muffinförmchen aus Silikon (ideal für vier Personen) oder die Eiswürfelschale (Einzelportion). Manchmal stelle ich ein Glas für den nächsten Tag in den Kühlschrank.

Ich serviere dieses Pesto mit reichlich geriebenem Parmesan und zusätzlichem Olivenöl auf Toast, auf Crackern oder Bratkartoffeln.

CARL LEGGES PESTO AUS MÖHRENGRÜN

Carl, der Autor des Buches Permaculture Kitchen, *lebt auf der Halbinsel Llyn in Wales – ihm verdanke ich viele Tipps für dieses Kapitel. Er ist, um es kurz zu sagen, der Mann, der nichts verkommen lässt.*

Ein großes Bündel Möhrengrün
25 g ganze Mandeln oder Haselnüsse
    (ich habe es auch mit Walnüssen zubereitet)
1 große Knoblauchzehe, geschält und gehackt
25 g Parmesan
100 ml Olivenöl
Meersalz und Pfeffer nach Geschmack

Waschen und kochen Sie die Möhrenblätter, bis sie zusammenfallen; abgießen und mit kaltem Wasser abschrecken, damit sie nicht länger garen und grün bleiben. Drücken Sie so viel Restflüssigkeit wie möglich aus, sonst wird das Pesto zu dünn.

Rösten Sie die Mandeln bei 160 °C (Gas Stufe 3) trocken für etwa 10 Minuten im Backofen oder in einem Topf mit schwerem Boden; regelmäßig wenden, damit sie nicht anbrennen.

Zerkleinern Sie Mandeln, Knoblauch und wenige Möhrenblätter im Mixer zu einer feinen Masse; portionsweise Möhrenblätter, dann den Parmesan zugeben und zu einem groben Püree zerkleinern. Gießen Sie langsam das Olivenöl dazu, bis ein glattes Pesto entstanden ist (die Ölmenge richtet sich nach der Menge der Blätter). Abschmecken und genießen.

Dieses Pesto schmeckt gut zu gebratenem Gemüse oder Fisch. In einem luftdichten Behälter bleibt es im Kühlschrank mehrere Tage lang frisch, kann aber auch eingefroren werden.

Coleslaw

Leute, die Coleslaw grässlich finden, kennen nur die billigen Fertigprodukte aus dem Supermarkt, dabei ist selbst gemachter Coleslaw alles andere als billig. Sie können diesen Salat mit den unterschiedlichsten Resten – geriebene Brokkolistrünke und Kohl oder gehackter Sellerie und Möhren – zu etwas ganz Besonderem verwandeln: Vermischen Sie die Reste mit drei Teilen Mayonnaise und einem Teil körnigem Senf, geben Sie einen ordentlichen Spritzer Zitronensaft oder Weißweinessig, etwas Salz, Pfeffer und fein gehackte Petersilie dazu; eisgekühlt servieren. Auch Apfelscheiben, Kapern, gehackte, eingelegte Gurken oder gehackter Dill passen bestens dazu. Der Salat hält sich im Kühlschrank einen bis zwei Tage.

Essen Sie Grünes

Die zäheren äußeren Blätter von Kohlsorten schmecken besonders gut zu Bratkartoffeln oder zu *Bubble and Squeak* (Kartoffelpüree mit grünem Gemüse); tatsächlich sind diese Blätter sogar besser als die inneren, weil sie mehr Biss haben. Auch die Blätter von Brokkoli oder Sprossbrokkoli sind essbar wie alle anderen grünen Blätter. Die Blätter der Roten Bete werden wie Mangold zubereitet; junge schmecken nicht so metallisch wie ältere Blätter (sie eignen sich besser für Fonds). Während manche Rote Bete-Sorten speziell wegen der jungen Blätter kultiviert werden, fallen die Blätter anderer Sorten bei der Knollenernte an (schneiden Sie die Blätter wachsender Pflanzen nicht ab, sonst bleiben die Knollen klein).

Eine Tomatensoße für Pasta wird noch besser, wenn Sie am Ende des Kochens ein einziges frisches Tomatenblatt beifügen (es stimmt, Tomatenblätter sind giftig, aber ein einziges bringt Sie nicht um). Dieses Blatt verstärkt den charakteristischen Tomatengeschmack der Soße. Entfernen Sie das Blatt vor dem Servieren.

KRÄUTER Die weichen Stängel von Dill, Koriander, Petersilie und Basilikum vertragen Hitze besser als die Blätter. Gebraten mit etwas Knoblauch schmecken sie gut zu Beginn eines Gerichts. Verholzte Stängel eignen sich noch für Fonds. Rosmarinzweige geben gute Grillspieße ab (Lorbeerzweige nicht verwenden, da sie giftig sind).

Korianderwurzeln werden in der Thai-Küche verwendet. Ihr Aroma schmeckt kräftig nach Koriander und passt gut zu Suppen und Eintöpfen. Ich mag die Wurzeln (gewaschen und geschrubbt) gerne in eingelegtem Gemüse, zur Vinaigrette oder in Currygerichten. Sie lassen sich übrigens auch einfrieren.

OBST Frieren Sie Kerngehäuse und Kerne von Äpfeln ein, um Pektin daraus zu kochen (siehe S. 130). Das beste Ergebnis liefern unreife/grüne Äpfel, die mehr Pektin enthalten.

Gemüsefonds

Für einen Gemüsefond lassen sich so ziemlich alle grünen Gemüse verwerten: Blätter von Roter Bete, Knollen-Sellerie, Möhren, Radieschen, Mittelrippen von Kohlblättern, Porree, die verholzten Teile von Spargel, Petersilienstiele, Basilikum, Thymian, die äußeren Blätter von Zwiebeln (sogar die braunen; sie färben die Brühe goldbraun und passen daher sehr gut zu Consommé und klaren Brühen), Zwiebel- und Knoblauchsprossen. Sogar die sauber geschrubbten Schalen von Kartoffeln, Pastinaken, Möhren und Topinambur erfüllen diesen Zweck. Geben Sie Salz, Weißwein, vielleicht etwas frisch gemahlenen Pfeffer dazu und lassen Sie alles so lange simmern, bis die Brühe gut schmeckt; abseihen und fertig.

Ich fange immer mit ziemlich vielen Sellerieblättern an und gebe die übrigen Gemüse nach Geschmack dazu – je nachdem, was ich gerade habe. Die Brühen schmecken wunderbar; ich wärme darin Gemüse an, koche Nudeln oder benutze es am nächsten Tag als Basis für eine Suppe.

Crostini mit Stangen-Bohnen

Wenn Sie zu viele Stangen-Bohnen mit Fäden und zu dicken Samen geerntet haben, die nicht als Beilage taugen, dann machen Sie daraus im Mixer einen Belag für Crostini oder einen Dip für Tacos (mit Chilischoten zum Grundrezept). Bohnen oben und unten abschneiden, Fäden ziehen und weich kochen (heben Sie das Kochwasser für einen Fond auf). Die Bohnen werden grob gehackt und mit einem Schuss Olivenöl, mehreren rohen Knoblauchzehen, Salz und Pfeffer sowie einem ordentlichen Klacks Crème fraîche im Mixer zu einem groben Püree zerkleinert. Warm servieren auf geröstetem Sauerteigbrot; mit einem pochierten Ei wird daraus eine Zwischenmahlzeit. Einen ähnlichen Brotaufstrich können Sie auch aus zu harten Dicken Bohnen zubereiten – wunderbar mit Rührei auf Toast. Unter Carls Rezepten befindet sich auch ein Püree aus Bohnenhülsen: Sie werden weich gekocht, durch die Flotte Lotte gedreht und mit Butter, Sahne, etwas Dill oder Estragon abgeschmeckt.

Suppe aus Erbsenhülsen

Erbsenhülsen sind zwar zu zäh, um roh gegessen zu werden, aber Dorothy Hartley macht daraus eine delikate Suppenbasis. Die Hülsen werden in einem Topf knapp mit Wasser bedeckt und mit Deckel etwa eine Stunde lang simmernd gegart. Durch ein feines Sieb streichen und die Flüssigkeit für eine köstliche, klare Erbsensuppe verwenden. Mit einer Handvoll braunem Reis, ein paar jungen Erbsen, geriebenem Kohl, kleinen Möhren und einem oder zwei Zweigen Minze wird daraus eine prima Sommer-Minestrone. Kleine Hülsen von Dicken Bohnen (nicht dicker als ein Daumen) werden wie die Erbsenhülsen zubereitet.

Zerkochtes oder zu kurz gegartes Gemüse

Aus zu weich gekochtem Gemüse lässt sich immer noch ein perfekter warmer Salat zubereiten. Lassen Sie das Gemüse etwas abkühlen; würfeln Sie es, so gut es geht (Verbranntes aussortieren). Geben Sie als Dressing eine Senf-Vinaigrette dazu. Mit gewürfeltem, sauer eingelegtem Gemüse, saurer Sahne und Mayonnaise zu gleichen Teilen, etwas Senf, gehacktem Dill und Petersilie, Salz und Pfeffer wird daraus ein russischer Salat.

Zu kurz gegartes Gemüse wird in Olivenöl mit Rosmarin und etwas Knoblauch goldbraun gebraten. Servieren Sie es mit Blattsalat als warmen Salat, vielleicht mit Chorizo oder Sülze.

WÜRZMISCHUNG AUS GETROCKNETEN TOMATENSCHALEN

Diese Idee habe ich aus dem Buch *Canning for a New Generation* von Liana Krissoff übernommen. Sie schlägt vor, getrocknete Tomatenschalen zu mahlen und als Gewürz zu verwenden. Meine Tomatenernte ist zu klein, um die Schalen zu Pulver zu mahlen, aber ich habe das Rezept abgewandelt.

Damit können Sie alle Tomatenschalen verwerten, die beim Einmachen übrig bleiben (siehe S. 175). Breiten Sie die Schalen auf Pergament auf einem Backblech aus; trocknen auf einer sonnigen Fensterbank (oder im Backofen oder Dörrapparat für eine Stunde bei 80 °C). Zerreiben Sie die trockenen Schalen mit Salz, getrockneten Chilischoten und etwas trockenem Oregano im Mörser. Damit können Sie alle Arten von Eierspeisen würzen oder es als süßes, würziges Salz bei Tisch benutzen.

EINMACH-KALENDER

Januar, Februar, März

Kohl, Wintergemüse, Senf	Sauerkraut, Gundruk, kalt lagern, im Boden lagern
Winterrettich, Steckrüben	sauer einlegen, kalt lagern, in milden Regionen im Boden lagern (mit Gartenvlies)
Eierkürbis, Kürbis	frostfrei lagern (10 °C), Marmelade, Chutney, fermentieren, einfrieren
Pastinaken, Möhren	im Boden lagern, kalt lagern in Sand, sauer einlegen, einfrieren
Kartoffeln	kalt lagern, einfrieren
Küchenkräuter	trocknen, einfrieren, in Salz konservieren (Petersilie)

April, Mai

Rhabarber	einmachen, Marmelade, einfrieren

Juni

Stachelbeeren, Erdbeeren	einmachen, Marmelade, einfrieren, trocknen
Küchenkräuter	in Salz trocknen, einfrieren
Mini Rote Bete	sauer einlegen, Chutney

Juli

Schwarze & Rote Johannisbeeren, Beeren, Rhabarber, Erdbeeren	einmachen, Marmelade, Chutney, einfrieren, trocknen (ganze Früchte oder Fruchtleder)
Küchenkräuter	trocknen, einfrieren, in Salz konservieren
Erbsen	einfrieren
Schalotten	trocknen, sauer einlegen
Fenchel	sauer einlegen

August

Tomaten	einmachen, trocknen, einfrieren, Chutney, Marmelade, kalt lagern, Saft einfrieren
Äpfel	einmachen, Marmelade, Chutney, Saftkonzentrat
Pflaumen, Brombeeren	Marmelade, Saftkonzentrat
Gurken	fermentieren, sauer einlegen
Rettich, Rote Bete, Steckrüben, Möhren	fermentieren, sauer einlegen, kalt lagern

Fenchel	sauer einlegen
Bohnen	sauer einlegen
Zucchini	fermentieren, einfrieren
Eierkürbis	bei 10 °C lagern, Marmelade, Chutney
Zwiebeln	trocknen und bei über 10 °C lagern
Blumenkohl	kalt lagern (bis 10 Tage), sauer einlegen

September

Äpfel	kalt lagern, trocknen, Marmelade, Chutney
Tomaten, Tomatillos, Chilischoten	einmachen, einfrieren, sauer einlegen, fermentieren (nur Chili)
Rote Bete, Steck- & Kohlrüben, Möhren	kalt lagern, sauer einlegen, fermentieren
Birnen	trocknen, kalt lagern, Saft einfrieren
Pflaumen, Damaszenerpflaumen	trocknen, Marmelade, einmachen Saftkonzentrat
Blumenkohl	kalt lagern (bis 10 Tage), sauer einlegen, einfrieren

Oktober

Quitten	Marmelade, Saft, kalt lagern

November

Mispeln	Gelee, kalt lagern

Dezember

Äpfel	kalt lagern, trocknen, Saft, Marmelade, Chutney
Pastinaken	im Boden lagern, kalt lagern
Rosenkohl	im Boden lagern, kalt lagern, einfrieren
Kohl	fermentieren, kalt lagern
Möhren	kalt lagern, sauer einlegen, fermentieren
Knollen-Sellerie	kalt lagern
Wintergemüse	fermentieren, einfrieren, trocknen, sauer einlegen
Rote Bete	kalt lagern, sauer einlegen
Kartoffeln	kalt lagern, einfrieren

REGISTER

Nützliche Adressen

Zubehör

Fissler GmbH
Fr. Beate Adler
Harald-Fissler-Straße 1, 55743 Idar-Oberstein

> Töpfe, Schnellkochtöpfe, Küchenhelfer, Messer in Premiumqualität

Großhandel für Flaschen, Gläser und Konservendosen e. K.
Hartmut Bauer
Bauhofring 25, 71732 Tamm
Tel.: (0 71 41) 6 43 69 25
E-Mail: info@flaschenbauer.de
www.flaschenbauer.de

> Einweckgläser und Zubehör sowie Spirituosen-flaschen für Likör und Wein. Leere Glasballons für Getränke, Öl- und Essigflaschen, Verschlüsse jeglicher Art. Textildeckchen und andere Dekorationsartikel, um Ihr Geschenk in Szene zu setzen.

Novaplus Fachversand GmbH
Stellebergstraße 9, 73092 Heiningen
Tel.: (0 71 61) 9 65 94 20
E-Mail: info@novaplus.de
www.novaplus.de

> Küchengerät und -hilfen von Passiertüchern, Schneidbrettern und Messer-Sets bis hin zu Aufbewahrungsbehältern und Töpfen.

Friedrich Sauer Weinhefezuchtanstalt GmbH & Co.
Vierka Erzeugnisse
Postfach 13 28, 97628 Bad Königshofen
Tel.: (0 97 61) 9 18 80
E-Mail: mail@vierka.de
www.vierka.de

> Versand mit umfangreichem Sortiment zur Bier-, Wein-, Essig- und Likörherstellung. Zum Beispiel: Gär- und Lagerbehälter sowie Gäraufsätze, Ein-kochautomaten, Entsafter, Dörrgerate, Pressen und Mühlen.

Alte Gemüsesorten

Dreschflegel
In der Aue 31, 37202 Witzenhausen
Tel.: (55 42) 50 27 44
E-Mail: info@dreschflegel-saatgut.de
www.dreschflegel-saatgut.de

> Große Auswahl an Saatgut und Gemüse aus kontrolliert ökologisch wirtschaftenden Betrieben. Alte Raritäten und Kulturpflanzen wie die Spargelerbse, Weiße Bete und Zuckerwurzel.

Verein zur Erhaltung der Nutzpflanzenvielfalt e. V.
Ursula Reinhard
Sandbachstraße 5, 38162 Schandelah
Tel.: (0 53 06) 14 02
E-Mail: ven.nutz@gmx.de
www.nutzpflanzenvielfalt.de

> Schwerpunkt auf dem Erhalt der alten Gemüse-sorten. Unterstützung und fachlicher Austausch durch die Fachzeitschrift des Vereins sowie weitere praktische Anleitungen für Garten, Küche und Vermehrung mit den vom VEN herausge-gebenen Buchtipps. Zudem gibt es Saatgut-seminare sowohl für Anfänger wie auch für Fortgeschrittene.

Arche Noah
Obere Straße 40, A-3553 Schiltern
Tel.: + 43 (0) 27 34 86 26
E-Mail: info@arche-noah.at
www.arche-noah.at

> Gesellschaft für die Erhaltung der Kulturpflanzen-vielfalt und ihrer Entwicklung. Hier erhalten Sie Beratung und Sortenvermittlung, wenn Sie einen neuen Obstbaum für Ihren Garten kaufen möchten.

Pro Specie Rara
Pfrundweg 14, CH-5000 Aarau
Tel.: + 41 (0) 6 28 32 08 20
E-Mail: info@prospecierara.ch
www.prospecierara.org

> Über 600 alte Gemüsesorten, wie z. B. Haferwurzel, Kardy, Neuseeländer Spinat, Knollenziest, Etagen-zwiebel und Wurzelpetersilie.

Saatgut

Thompson & Morgan
Postfach 10 69, 36243 Niederaula
Tel.: + 41 (0) 0 44 14 73 69 52 25
E-Mail: intcare@thompson-morgan.com
www.tandmworldwide.com

> Mit über 2.000 Blumen- und Gemüsesamen im Online-Shop bietet Ihnen die internationale Website ein riesengroßes Produktsortiment.

Gärtner Pötschke
Beuthener Straße 4, 41564 Kaarst
Tel.: (0 18 05) 86 11 00
E-Mail: info@poetschke.de
www.poetschke.de

> Blumen- und Gemüsesamen. Kräutersamen. Rasensamen, Saatbänder und mehr. Keimlinge und Sprossen sowie biologisches Saatgut. Pilliertes Saatgut und Inkrusat Bodenkuren.

Aus dem Englischen übersetzt von
Dr. Wolfgang Hensel
Titel der Originalausgabe: Abundance by
Alys Fowler, erschienen bei Kyle Books unter
ISBN 9780857830784
Text copyright © 2013 Alys Fowler
Photography copyright © 2013 Simon Wheeler
Design copyright © 2013 Kyle Books
Mit 173 Farbfotos von Simon Wheeler

Umschlaggestaltung von eStudio Calamar und
Jenny Pieper unter Verwendung der Fotos von
Simon Wheeler

Alle Angaben in diesem Buch sind sorgfältig geprüft und geben den neuesten Wissensstand bei der Veröffentlichung wieder. Da sich aber das Wissen laufend und in rascher Folge weiterentwickelt und vergrößert, muss jeder Anwender prüfen, ob die Angaben nicht durch neuere Erkenntnisse überholt sind. Jede Dosierung und Anwendung erfolgt auf eigene Gefahr.

Unser gesamtes lieferbares Programm und viele weitere Informationen zu unseren Büchern, Spielen, Experimentierkästen, DVDs, Autoren und Aktivitäten finden Sie unter **kosmos.de**

Gedruckt auf chlorfrei gebleichtem Papier

Für die deutschsprachige Ausgabe:
© 2014, Franckh-Kosmos Verlags-GmbH & Co. KG,
Stuttgart
Alle Rechte vorbehalten
ISBN 978-3-440-14083-3

Projektleitung und Redaktion: Birgit Grimm
Gestaltung und Satz: Atelier Reichert, Stuttgart
Produktion: Ralf Paucke
Printed in China / Imprimé en China

Ich möchte zuerst meiner Redakteurin Sophie Allen danken. Falls es Dir noch niemand gesagt hat – du rockst! Kyle danke ich, weil er mein seltsames Leben unterstützt, und Lawrence, weil er dieses Buch zu einem Schmuckstück gemacht hat – ich bin Dir dankbar. Das gilt auch für Simon Wheeler; ich liebe Deine Arbeit (und Dich). Vielen Dank Trudi Kerr für den wunderbaren Nachmittag, an dem ich viel über traditionelle Konservierungsmethoden gelernt habe, und Danke auch Carl Legge für die kreativen Rezepttipps. Birgit möchte ich für Pflaumen-Inspirationen danken. Clare, Emily, Sue und Les, Syd und Beth, Ingrid und Jeremy haben alles probiert, Ideen, Zubehör und Küchenbenutzung beigesteuert. Bei Vicky Casstles darf ich nicht nur Jahr für Jahr den Damaszener-Pflaumenbaum plündern, sie brachte auch den Pflaumen Fruit Cheese, den wir fotografiert haben; nochmals Danke.

Thompson & Morgan haben mich gerettet, als sich die Schnecken über meine Baby-Auberginen hermachten; viele Dank für die schnelle Lieferung Paul. Ich danke der Königin und dem König der Fermentierung – Sandor Katz und Daphne Lambert –, weil sie sich hingebungsvoll dieser schwarzen Kunst widmen.

Am meisten danke ich wie immer H.

Nigel Slaters Rezept für gebackene Eier, Taleggio und Chutney steht im *Marie Claire Cookbook* (Mitchell Beazley 1993).
Die eingelegten Zitronen habe ich aus Sam und Sam Clarks *Casa Moro* (Ebury Press, 2004) übernommen.
Das Kimchi aus Wurzelgemüse steht in Sandor Katzs Buch *Wild Fermentation* (Chelsea Green Publications 2003)
Natalie Hambros Rezept für Stachelbeeren mit Holunderblüten stammt aus *Particular Delights* (1981), abgedruckt in *Grub Street* (2012)

Bibliographie: siehe links